4차 산업혁명시대

사회복지 실천가로 리모델링 하기

4차 산업혁명시대

사회복지 실천가로 리모델링 하기

최경규 지음

SOCIAL WELFARE

사회복지 실천가들이 겪는 문제의 원인을 개인적 차원에서 혹은 사회구조적 차원에서, 변화하는 세계에 맞춰서 살펴보고 꼬집는 책이다. 또 이에 대한 대책을 고민하며, 적극적으로 실천하여 나아갈 사회복지 실천가들에게 건네는 글이다.

지식공감 도서출판

　대한민국 사회복지계에서도 이제 서구에서 먼저 진행된 새로운 문제들을 공유하며 고민해야 할 입장이 된 지 오래다. 복잡한 사회구조의 흐름 속에서 다양한 욕구들이 다양한 클라이언트들에게 어떤 방식의 휴먼서비스로 접근해야 하느냐는 차원을 넘어서는 문제나. 이미 그전부터 잠재했으나 '눈 돌릴 여유'가 없어서 미뤄두었던 문제다. 우리 세대 사회복지학자들까지만 해도 전자의 문제에 더 천착할 수밖에 없었다. 그래서 사회복지 서비스의 개념과 기술 그리고 그 교육에 치중하였다. 그런데 이제 미뤄두었던 문제가 곪을 대로 곪고, 더는 미루거나 덮어둘 수 없게 되었다. 바로 사회복지 서비스 담당자들의 복지, 그들에 대한 그리고 그들을 위한 복지다.

　이 문제가 대한민국만의 문제는 아니고 서구에서도 이미 밟아왔고 넘어가고 있는 문제다. 그런데 앞의 문제도 따지고 보면 마찬가지지만, 이 뒤의 문제야말로 사회복지정책과 실천 그리고 사회

복지와 관련한 사회적 인식과 깊이 연결되어 있다. 오늘날 우리 사회 언론에서는 사회복지사가 미래의 유망분야라고 하지만, 현실은 100만 명에 달하는 사회복지종사자들은 실제로 낮은 임금과 열악한 근무환경 그리고 과도한 업무 부담에 시달리고 있다. 따라서 사회복지종사자로서 정체성에 혼란을 느끼고 더 나아가 복지현장을 떠나거나 심지어 목숨을 버리는 사례들마저 드물지 않다.

다양한 해결의 길들이 있겠지만, 복지 현장의 당사자들의 노력도 중요하다. 이 말이 자칫 스스로 알아서 해결해야 한다는 강 건너 불구경하는 소리로 들려서는 안 된다. 비록 사회복지의 개념과 기술, 교육에 치중해왔지만, 이를 바탕으로 사회복지종사자로 살아가는 제자들이 잘되길 바라는 것이야 인지상정이다. 그런데 현장에서 힘든 고생을 하고 심지어 억울함까지 당하기도 하는데, 거기서 그저 주저앉거나 무너지는 사람들이 있는가 하면 새로운 문을 열고 새로운 길을 놓는 사람들도 있다. 어쩌면 인생 자체가 그

런 과정이지 않을까 싶다. 교수로 살아가면서도 길 끊김, 길 막힘의 순간들이 시도 때도 없이 찾아와 그만두고 싶고 차라리 떠나고 싶을 때도 많다. 그러나 삶 자체를 포기하고 벗어날 수는 없는 노릇 아닌가?

혼란스러워하는 동료나 후배늘에게 선배늘이 경험한 이야기를 앞장서서 들려주어야 할 당위성은 여러 곳에서 감지된다. 오비디우스가 말하기를 '경험은 나이에서 온다'고 하였고, 실러는 '경험이 대미를 장식한다'고 언급한 바 있다. 이 책에서는 사회의 어두운 부분들을 일찍부터 간파해내고, 앞을 내다보면서 클라이언트들의 욕구를 해결해 왔던 경험적 앞선 발걸음의 이정표들이 제시되고 있다.

현장에서 아픔을 겪으며 익어가고, 고통으로 단련시켜 자기발전을 꾀하는 그런 도전으로 읽었다. 사회복지의 현장에서 사회복지종사자들의 문제들을 살피고, 거기서 더 나아가 사회복지 현장

     4차 산업혁명시대 사회복지 실천가로 리모델링 하기

을 철학의 자리로 삼으려는 시도다. 이것이 바로 대한민국 사회복지의 차원이 새롭게 열리는 걸 보여주는 하나의 증거이기도 하다. 배움을 통해 기술적 발전을 이루는 단계에서 더 나아가면 배움의 실천이 다시 고찰과 학문의 대상이 되고, 그 현장에서 철학을 하는 것이다. 그러면 인생과 학문과 사회복지 현실은 다른 세상이 아니다.

대학원 시절 사제지간의 인연이 시작되었는데, 사회복지 현장에서 철학을 시작하는 경지에 들어선 작가 최경규 관장이 더욱더 발전해가며 새로운 결실들을 보여주시길 기대해 본다.

| 2017년 여름, 한국노년학회 회장 김근홍 |

어느덧 사회복지를 시작한 지도 22년을 넘어가던 중, 문득 그동안의 생활을 뒤돌아보니 무척이나 부지런하게 생활한 나를 발견했다. 뒤돌아보면 힘든 시절도 있었지만, 나의 신념과 소소한 보람으로 극복해 내고, 그래도 행복한 마음으로 그 시간을 보냈었다. 이렇게 쌓인 나의 경험을 바탕으로 미래를 대비하고 있는 후배들을 위해서 글을 써내려가 본다.

최근 우리 사회의 트렌드Trend는 인공지능, 로봇기술, 생명과학이 주도하는 '4차 산업혁명'이다. 우리는 곧 맞이할 혹은 이미 가까이 다가온 시대에 희망과 불안을 느끼며 이러한 변화가 우리 사회의 다양한 분야에서 많은 변화를 가져올 것이라고 이야기하고 있다. 이러한 변화는 사회복지 분야에서도 예외는 아닐 것이다. 그렇다면 사회복지를 실천하는 우리들은 과연 이러한 변화를 얼마나 인식하고 준비하고 있는 것인가? 또 그러한 변화가 사회복지 분야에서 어떤 실천가를 요구하게 될 것인가? 라는 궁금증을 가지게

되었다. 또한, 사회복지 실천가들은 다른 분야의 일반적 인재상과 어떤 차별성이 있을까? 라는 생각도 하게 되었다.

다른 한편으로는 필자가 사회복지 현장에 활동하면서 느꼈던 것들이 있다. 그중 첫 번째는 사회복지를 하면서 모리스 마테를링크 Maurice Maeterlinck이 동화에서 유래한 '파랑새 증후군'처럼 현재에 만족하지 못하고 이리저리 옮겨 다니는 후배들을 보면서 안타까운 마음도 들었다. 또한, 스트레스로 인한 심신증처럼 편두통, 과민성 대장염, 신경성 위염 등의 질병으로 힘들어하거나 심지어는 더 극단적인 선택을 하는 동료도 보았다.

하지만 오바마 Barack Obama 전 대통령이 조지 프레드릭 왓스 George Frederic Watts의 절망하는 모습처럼 보이는 그림에서 절망이 아닌 '희망'을 본 것처럼, 꿋꿋이 자리를 지키며 소명을 다하는 사회복지인들을 보면서 사회복지의 희망을 보았다.

20여 년이 길다면 길고 짧다면 짧은 시간이지만 그 시간 필자가

느꼈던 사회복지에 대한 생각과 사회복지를 바라보는 시민들 그리고 사회복지 현장을 지키는 동료와 선후배님들께 하고 싶었던 이야기들이 있었다. 생각날 때마다 틈틈이 기고했지만, 지면상의 한계나 독자층이 일반적이라는 한계들로 인해 온전한 사회복지 이야기를 하지 못했다. 그때마다 아쉬운 마음에 사회복지 실천가들과 공감할 수 있도록 꾸준히 글을 정리하고 있었다.

그렇게 글을 정리하다 보니 우리 앞에 다가오는 사회변화 속에서 사회복지 실천가는 좀 더 다른 생각들이 필요하다는 생각을 하게 되었다. 그러한 다양한 생각들을 더해서 사회복지 실천가로서 우리가 한번쯤 생각해봐야 할 것들에 대해서 이야기하고 싶었다.

아직은 많이 부족한 생각일지 모르지만, 필자는 시간이 더 지나기 전에 같은 분야에서 실천하는 사람들과 공유하고 싶은 마음으로 이 책을 출간하게 되었다.

사회복지 실천가로서 절망을 보는 사람이든 또 다른 시각에서

사회복지를 절망이 아닌 희망으로 보는 사람이든 사회복지 실천가 동료나 선·후배들이 '행복한 사회복지 실천가'로 현장에서 살아가기 위해서 한번쯤은 스스로를 되돌아보는 시간이 되길 바라는 마음을 가져본다.

이 책이 나오기까지 도와주시고 격려해 주신 모든 분들께 진심으로 감사드립니다.

ㅣ 2017년 여름 최경규 ㅣ

CONTENTS

01 자신만의 구체적인 행동지침을 준비하라

04 선택이 중요하다

05 이분법적 사고를 피하라

01 CHAPTER

자신만의 구체적인 행동지침을 준비하라

비전을 세워라

나에게는 나를 변화시키고 이끌어오게 하는 힘이 있다. 그것은 나에 대한 비전을 가지고 있다는 것이다. 내가 나의 미래를 진심으로 고민하고 실천하게 된 것은 우연한 기회였다. 아니 어쩌면 그 기회마저도 나에게 예비되어 있는 것이었는지 모른다.

2004년이 사회복지 현장 실천가로 내가 꿋꿋하게 지켜올 수 있었던 전환점이 되었던 시기가 아닌가 생각된다. 당시 나는 사회복지 현장에서 소진Burnout[1]을 경험하는 시기였었다. 그런 시기에 1박 2일 노인시설 워크숍에 참석하였고 남들은 모두 바쁘다며 1일차 행사만 마치고 돌아갔다. 그러나 나는 일에 대한 열정을 잃어가고 있어 그냥 의미 없이 마지막까지 자리를 지켰고 마침 아침에 행

---

1 소진(消盡) 점점 줄어들어 다 없어짐. 영어 표현으로는 신체적 또는 정신적으로 극도의 피로를 느끼고 에너지를 소진하여 어떤 일을 하는데 힘들어하는 것을 'burnout'이라고 표현함.

동변화전문가인 윌리엄 장Willian Chang의 '자신을 리모델링하라'는 주제로 특강이 있었는데 그 강의가 나에게 변화의 전환점이 된 것이다. 특강의 주요 내용은 사람은 비전Vision이 있어야 하고, 그 비전을 실현하기 위해 전략을 만들고, 그리고 전략을 실천하기 위해 실천계획을 가져야 한다는 것이다. 단순히 가져야 하는 것에 그치는 것이 아니라 구체적으로 10년 계획, 5년 계획 그리고 연차별 계획을 만들고 매일매일 실천해야 할 과제들을 기록으로 남겨 매일 꺼내보면서 실천하는 노력을 해야 한다는 것이다. 그 후 나는 그 강의대로 실천했다. 그리고 현재는 그때 적었던 10년 뒤의 목표를 이루었다. 그 주요 과제가 대학원 졸업과 시설장이 되는 것이었다.

사실 그러한 내용은 내가 배웠던 신경언어프로그래밍NLP: Neuro linguistic programming이론과 유사히기도 히지만 다른 교육에서도 간혹 듣던 내용이기도 했다. 그러나 이제까지 내 마음을 움직이거나 나에게 변화를 가져다주지 못했던 것인데, 그날 그 시간에 들었던 강의는 나를 변화하게 하였고 나는 그러한 노력으로 새롭게 자극되어 사회복지 현장의 소진을 극복할 수 있었다.

당시에 나는 아마도 현장 10년 차 사회복지사로서 약간의 매너리즘에 빠진 듯하기도 했으며, 일상에서 업무에 대한 흥미를 잃어가고 있던 시기였는데 그때 적절한 강의를 듣게 된 것이다. 어쨌든 그 후 나는 강사님의 제안에 따라 내가 계획하고 목표로 했던 일들을 기록하고 매일 확인하며 나를 다독였고 실천과제들을 실행

    4차 산업혁명시대 사회복지 실천가로 리모델링 하기

에 옮기기 시작했다. 그 결과 나의 일상이 변화되었고 생활의 활력도 조금씩 찾아갔으며 목표한 과제를 하나씩 성취해 가면서 자신감이 되살아나고 일상을 보는 시각에 변화가 오고 있음을 느끼고 있었다. 지금은 그때 목표로 했던 대학원 과정도 마치고 10년을 준비했던 기관장으로서 역할을 수행하면서 다음 10년을 준비하고 있다.

다른 직업에 있어서도 마찬가지일 수 있지만, 사회복지사가 사회복지 현장에서 살아가기 위해서는 개인적 측면에서도 비전을 갖고 그 비전에 따른 목표를 수립해야 한다. 그리고 수립된 목표에 따른 전략과 실천계획을 가지고 준비한다면 스스로의 역량이 강화될 것이다.

'강화된 역량'은 현장의 실천가로서 생활하는 원동력이 될 수 있다. 또한, 사회복지 현장에서 발생할 수 있는 힘들고 어려운 환경은 물론, 개인적으로 발생할 수 있는 소진과 위기를 새로운 도전의식으로 극복할 수 있는 힘이 될 것이다.

소명의식으로 초심을 지켜라

사회복지를 실천함에 있어서 비전을 갖는다는 것은 매우 중요하다. 그와 함께 그 비전을 지속시키는 힘을 갖는 것이 매우 필요하다. 그것이 바로 소명召命, calling의식이다. 소명의식은 '사람이 하나님의 일을 하노톡 하나님의 부르심을 받는 일' 다시 말해서 '부름'으로 부를 수 있는 말인데, 기독교인이 아니라면 '천직'으로 불러도 좋을 듯하다.

어떤 사람이 소명을 가지고 실천하는 일은 '일事'이 아니라 '즐거움'이라고 했다. 사회복지 실천을 단순한 직업이라고 생각하는 사람보다 소명의식을 가지고 실천하는 사람은 더 행복하게 사회복지 현장에 적응할 수 있다. 또한 그렇지 않은 사람보다 더 행복감을 가지며, 보다 더 적극적인 자세로 사회복지를 실천할 수 있는 원동력을 가지게 된다. 그러한 소명의식을 지속적으로 지키기 위해 초심을 지키려는 노력이 병행되어야만 지속적이고 만족감 있는 실천을 할 수 있다.

사회복지 실천현장은 어쩌면 생각한 것보다 더 어려운 일이 될 수 있으며 다른 직장인처럼 회의와 실망 그리고 스트레스가 있다. 일한 만큼 몰라주는 선배와 기관장이 있을 것이고 시기와 질투를 하는 동료들도 있을 것이다. 그러나 자신 내부에 굳은 신념과 소명의식, 그리고 당초에 자신이 가졌던 신념과 비전을 지키려는 노력이 있다면 많은 문제들이 해소되고 보람으로 다가올 것이며 더 크게 쓰임 받는 기회로 만들어갈 수 있을 것이다.

초심을 지키는 것은 각자의 자리를 다시 한 번 돌아보는 것이며, 때에 따라서는 우리가 하는 일이 진정으로 무엇을 목적으로 하는 것인지? 하지 않아도 되는 일을 하고 있지는 않은지? 챙겨야 할 일들을 등한시하고 있는 것은 아닌지? 처음의 마음, 기본으로 되돌아가서 목적을 생각하는 것이다.

삼성전자에서 연구원으로 10년 이상 근무하며, 6시그마 six sigma[2] 전문가로 활동했던 김병완 선생님의 저서에 보면 '제로베이스 사고 zero base thinking'라는 말이 나온다. 삼성전자가 위기를 극복할 수 있었던 원인이 바로 제로베이스 리더십이라고 말하고 있다. 제로베이스 사고는 말 그대로 초심으로 돌아가 원점에서 다시 사고하고 분석하고 판단하고 결정한다는 의미이다. 초심을 지키라는 것은 내가 처음으로 사회복지 현장에 실천가로서 작심하고 뛰어들었던 그 마음가짐을 끊임없이 생각하고 실천하라는 것이다.

---

2 식스시그마(six sigma) 품질혁신과 고객 만족을 달성하기 위해 전사적으로 실행하는 21세기형 기업경영 전략을 말한다. 시그마(sigma)라는 통계척도를 사용하여 모든 품질 수준을 정량적으로 평가하고, 문제 해결 과정과 전문가 양성 등의 효율적인 품질문화를 조성하며, 품질혁신과 고객 만족을 달성하기 위해 전사적으로 실행하는 21세기형 기업경영 전략이다.

재능을 찾고, 계발하고 노력하라

사람들은 누구나 사회생활을 하면서 닮고 싶은 사람이 생기게 된다. 소위 전문직을 하면서 모델로 삼고 싶은 사람을 만나지 못한다면 본인의 선분분야에서 성공적으로 자리 잡지 못할 것이다. 나행히도 나는 사회복지를 실천하면서 상당히 많은 존경스러운 모델을 만나고 있다. 사회관계로 만나 존경하게 된 사람을 만나고 그 사람을 닮기 위해 노력하는 내 모습을 보고 또 그로 인해 성장하는 나 자신을 발견하는 것은 매우 의미 있고, 기쁜 일이다.

그런 분들 중 내게 기억에 남는 이야기를 해주신 분이 있다. 사람은 누구나 그 사람만의 고유한 재능을 가지고 있다는 것을 믿고 그 재능을 생산적으로 사용할 수 있도록 격려하고 지지해야 한다는 것이다.

재능이란 일반적으로 '태어날 때부터 가지고 있는 특별한 능력이나 소질'이라고 정의한다. 재능은 사고, 감정, 행동패턴이 반복적이며, 생산적으로 쓰일 수 있다면 무엇이든 재능이라고 할 수 있다는 것이다. 매우 긍정적인 것만 재능이어야 한다고 생각하고 있지만, 심지어 부정적으로 보이는 특성도 재능이라고 할 수 있다는 것이다. 예를 들어 고집이 센 것도 세일즈맨이나 변호사 등 고집스러운 성격이 필요한 곳에는 생산적으로 사용할 수 있으니 재능이라고 할 수 있다는 것이다. 소심한 성격도 때에 따라서 장점으로 사용된다면 재능이라는 것이다.

생각의 변화가 오니 내게도 많은 장점이 있다는 생각이 들었다. 내가 술이 좀 약해 사회생활에 걸림돌이라 생각하고 있지만, 오히려 그러한 상태가 내게 강점으로 작용할 수 있다는 것이니 얼마나 기분 좋은 일인지 모르겠다. 나를 더 긍정적으로 보게 되고, 또 자신감도 얻게 된다.

다시 한번 말하지만, 인생을 살면서 반드시 자신의 미래가 될 만한 모델을 찾고 그를 닮아가도록 노력하라. 그리고 그러한 사람을 가까이에서 발견한다면 더 현실적으로 개인의 목표를 성취하는 데 도움이 될 것이다.

그리고 재능을 발견하는 것에 노력하라. 재능은 타고난 것으로 대부분의 사람들은 매우 다양한 재능을 가지고 있다. 그러한 재능이 있어야 훈련을 통해 강점으로 변화시킬 수 있다. 그러나 재능이 없다면 아무리 훈련을 해도 되지 않는 것이 있다는 것을 깨닫고,

부족한 부분을 채우기보다는 가지고 있는 재능의 강점을 촉진하고 강화하는 것에 노력하라. 그것이 삶을 더 멋지게 만들어 줄 것이다.

재능을 발견하는 좋은 방법 중에 하나가 무의식적인 반응을 잘 살피는 것이다. 다시 말해서 어떤 상황에 맞닥뜨렸을 때 자신이 맨 처음 나타낸 무의식적 반응이 무엇인지 생각해 보면 된다. 예를 들어서 동료나 부하직원이 갑자기 아이가 아파서 출근하지 않았을 때를 생각해보자. 이 소식을 듣고 여러분들의 머릿속에 처음 떠오른 생각이 무엇이었는가?

아이가 어디가 아픈지, 누가 돌보고 있는지에 즉시 관심이 쏠렸다면 당신의 재능은 '공감'하는 능력일 수 있다. 그리고 맨 처음 떠오른 생각이 그 사람의 업무를 누가 대신할 것인지 순위를 정하려고 했다면 '조정자'의 재능을 가지고 있다고 할 수 있다. 또 확실한 정보가 없는데 어떤 결정을 내려야 할 때 불확실성을 두려워하지 않는다면 아마도 '행동주의자'적 재능이 있을 수 있으며, 반대로 행동에 돌입하기 전 모든 정황 사실을 파악하고자 했다면 '분석가' 적인 재능이 있다고 할 수 있다.

재능을 발견하는 다른 방법으로는 무엇인가 갈망하는 '동경'이 있다. 다시 말하면 미술가를 동경한다거나 음악가를 동경한다거나, 아니면 의사를 동경한다거나 등, 누군가 또는 어떤 것을 동경한다는 것은 우리 마음속에 그에 대한 재능의 신호일 수 있다는 것이다. 둘째, 학습 속도이다. 무엇인가 동경하는 것이 없지만, 일

　4차 산업혁명시대 사회복지 실천가로 리모델링 하기

상에서, 회사에서 또는 학교에서 미술에 대한 학습속도가 남들보다 뛰어나거나 또는 다른 학습보다 빠르다면 미술에 대한 재능이 있다고 할 수 있다. 다른 과목에 비해 말하기, 쓰기, 셈하기, 관찰하기 등 다양한 분야에서 학습 속도가 높다면 그 분야에 재능이 있다고 할 수 있다. 또 다른 어떤 것에 비해 더 강하게 하고 싶은 일이 있다면 그 분야도 우리 내부에 재능이 움직이는 신호가 된다. 세 번째는 '만족감'이다. 무엇인가 했을 때 특별히 만족감이 높다면 그 분야에 재능이 있다고 할 수 있다. 똑같은 시간과 노력을 했는데도 어떤 일은 잘해도 크게 만족감이 없는 반면에 어떤 일은 꽤 만족스러운 경우가 있다. 그것이 바로 재능을 발견하는 척도가 될 수 있다는 것이다. 무언가에 대한 동경, 학습 속도, 만족감 이 세 가지에 대해 곰곰이 생각해 보면 스스로도 재능을 발견하게 될 것이다.

시간을 쪼개라

하버드대학에서 한 교수가 학생들에게 과제를 많이 내주기로 유명했다고 한다. 그런데 학생들은 과제가 부담이 되어 교수님에게 다른 과목 공부도 해야 하고, 연애도 해야 되서 과제를 좀 술여 날라고 이야기했다고 한다. 그러자 교수님은 학생들 앞에 커다란 양동이를 가져오게 했다.

그리고 그 양동이에 돌멩이를 가득 채운 후 학생들에게 "가득 찼나요?"라고 물었다. 학생들은 "가득 찼습니다."라고 대답했다. 그때 교수님은 다시 모래를 가져다가 양동이에 부었다. 가져온 모래가 다 없어질 때까지 양동이 안으로 들어갔다.

그리고 다시 물었다. "양동이가 가득 찼나요?" 그러자 학생들이 갸웃거리면서도 이제 다 찼을 것이라고 생각하고 "이젠 다 찼습니다."라고 말했다.

말이 끝나자마자 교수님은 다시 물 한 바가지를 가져와 양동이에 붓기 시작했다. 물 한 바가지가 다 없어질 때까지 양동이 안으로 사라져 갔다. 그리고 교수님은 학생들에게 말했다. 학생들이 여러 가지 공부와 연애, 그리고 다양한 활동으로 시간이 없다고 말하지만, 우리가 생각해 보면 흘려보내는 시간도 많으며 여러분이 그 아까운 시간을 잘 쪼개보면 넉넉히 들어갈 공간이 생길 것이라고 말했다.

나는 그 글을 읽고 깨달았다. 시간을 쪼개며 생활한다는 것이 곰곰이 생각해 보면 어려운 일이라고 생각할 수 있다. 그러나 나를 포함해서 모두가 이미 시간을 쪼개며 생활하고 있었다.

낮 동안 업무로 분주한 가운데도 틈틈이 자투리 시간을 내서 보고서를 준비하고, 사업계획서를 가다듬고, 지침서를 본다. 또한 각종 회의에 참석하여 의견을 내고, 개인적으로 퇴근 후에 공부하면서 참 바쁘게 시간을 보내고 있다.

안 될 것 같은 일들도 어느 순간에 보면 이미 실천하고 있다. 사회복지 현장 일을 하면서도 한 가지 사업을 하기도 벅차게 느껴질 수 있지만 그러는 중에도 새로운 사업을 준비하고 있다. 어느 순간 두 개의 사업을 실천하고 있었으며, 어느 순간 세 개의 사업을 하고 있기도 했다.

사회복지 현장은 정말 많은 일들이 순식간에 밀려오고, 업무량도 제시간에 퇴근할 수 없을 만큼 밀려들 때가 있다. 그때마다 포기했다면 어쩌면 아무것도 하지 못하는 상황이 되었을 것이다.

가장 급하고 중요한 일부터 선별적으로 일을 처리하고 자투리 시간에 처리할 수 있는 일들은 그때그때 처리했다. 좀 더 많은 시간이 필요한 일은 업무량을 조절하여 단계별 처리해 가는 기술이 어느 순간 나에게 본능적으로 습득되어 있었다. 그렇기 때문에 주어진 시간에 많은 일들을 할 수 있었고 사회복지 현장에서 살아갈 수 있었던 것 같다. 물론 단순히 그러한 논리로만 업무를 처리하고 사회복지 서비스 실천가로 활동한 것은 아니지만 시간을 쪼개어 관리하는 것이 매우 유익하고 도움이 되는 실천 방법이라는 것을 경험할 수 있었다.

시간이라는 것은 이 세상 모든 사람들에게 똑같이 주어진 자산이다. 어떤 사람도 하루 24시간을 늘려서 살아갈 수 없다. 당연히 줄일 수도 없다. 그런데 어떤 사람은 같은 하루 속에서 다른 사람보다 많은 것을 해내고 있다. 또 어떤 사람은 아무렇지 않게 시간을 보내기도 한다. 시간을 잘 관리하는 사람과 그렇지 않은 사람의 차이다.

자신의 일에 대해 명확한 인식을 하고 업무의 최종 목표량과 기일期日을 명확하게 인식하고 있는 사람은 자신에게 주어진 일의 목표관리가 잘 되는 사람이다. 그래서 짧은 시간에 해낼 수 있는 것, 틈틈이 해도 목표에 도달할 수 있는 것, 일의 중요도에 대한 목표 도달 타이밍을 잡아야 하는 것들에 대한 관리를 잘하는 사람이다.

 4차 산업혁명시대 사회복지 실천가로 리모델링 하기

사회복지 현장에서 살아가는 많은 분들에게 시간을 조금씩 쪼개 가면서 업무량과 맞추는 노력을 하는 것이 어떤 경험인지 한번쯤 시도해 보길 권한다. 물론 물리적으로 모든 업무를 다 수행 할 수는 없다. 인적자원 관리와 업무량 관리는 더 큰 틀에서 보완되어야 하겠지만, 개인적으로 주어진 시간 속에서 시간을 쪼개서 사용하는 것이 효율적이고 유익하다는 것을 많이 느끼고 있으며, 우리는 우리에게 주어진 하루 24시간을 어떻게 관리하는 것이 좋을지 다시 한 번 검토한다면 많은 도움을 받을 것이다.

자신을 믿고 긍정적으로 생각하고 실천하라

내가 대학원에 진학하고 졸업을 하고 관련 분야에서 토론자로 참여하면서 느낀 것이 있다. 그것은 자신을 믿으라는 것이다. 처음 시작할 때는 조금은 걱정되기도 하고 또 때로는 두려움까지 있지만 자신감을 가지고 해내겠다는 의지를 가지면 못할 것이 없다는 것이다. 이러한 생각은 업무를 하면서 팀을 만들어 프로젝트를 진행하거나 다양한 계층에 있는 사람들과 위원회 또는 연계사업을 하며 사업을 마무리했을 때마다 더욱 강하게 되새기는 생각이다.

그리고 전부는 아니지만 모든 문제를 긍정적으로 생각하면 좋은 방향으로 해결된다는 경험을 했다. 또한 동료들 중 그러한 생각으로 좋은 결과를 만들어 내는 사람들도 많이 보았다. 사람은 본인이 생각하고 말하고, 행동하는 만큼의 결과가 있다는 것이다.

프로그램을 진행하거나 행사를 하나 하더라도 잘 해내겠다고 생각하고 집중하면, 그리고 그에 맞추어 적절한 실천을 한다면 반드시 더 좋은 결과가 있다. 노력한 만큼의 결과가 있다는 것이다. 그러나 생각만 하고 실천이 없으면 늘 결과가 생각만큼 좋지 않았다. 그것은 스스로에 대한 의지가 부족할 때도 마찬가지다.

물론 세상을 살다 보면 생각하고 집중하고 열심히 노력해도 안 되는 것이 있을 수 있다. 또 그다지 생각하지도 않고 남들보다 많은 노력을 하지 않은 듯해도 좋은 성과나 결과를 만들어 내는 경우도 있다. 우리가 사는 세상에는 다양한 변수가 있기 때문이다.

1970년대 미국에서 리차드 밴들러Richard Bandler와 존 그린더John Grinder에 의해 시작된 심리학, 언어학에 바탕을 둔 NLP신경언어프로그래밍, Neuro Linguistic Programming라는 것이 있다. 이 연구는 인간의 언어가 어떻게 신경 생리적으로 입력되고 프로그래밍 되어 인간의 삶에서 작용되는지를 밝히며, 보다 긍정적인 변화와 치료를 위하여 그러한 언어적 프로그래밍의 원리를 인간의 삶에 어떻게 활용할 수 있는가를 가르치는 원리와 기법이라 할 수 있다.

NLP는 사람들의 사고방식과 행동에 변화 관리를 위한 도구로 활용된다. 사람들은 오감을 통해 느껴진 생각을 언어나 말로 입력하는 과정을 거쳐 더 강력하게 변화될 수 있다는 것이다. 긍정적으로 생각하고 말하고 행동하면 긍정적으로 변화되고, 부정적으로 말을 하고 행동하면 부정적으로 변화된다는 것이다.

나는 이 경험을 이미 10여 년 전부터 느끼기 시작했다. 시설연합

회 워크숍에서 이러한 강의를 듣고 강연자의 말에 따라 나의 목표를 글로 기록하고 시간 날 때마다 들춰보며 나의 뇌와 행동을 프로그래밍 해왔다. 그 결과 목표가 예상보다 일찍 이루어지고 다른 부문에 있어도 변화되는 것을 경험했다.

같은 맥락으로 인생에 있어서도 자신을 스스로 낮추거나 무능력하다고 이야기하거나, 먹고 살기 위해 일한다고 스스로 이야기 하는 사람은 그렇게 될 것이고, 자신을 존중하고 회사에 꼭 필요한 사람이라는 생각으로 일한다면 반드시 그렇게 될 것이다.

   4차 산업혁명시대 사회복지 실천가로 리모델링 하기

모델링 대상을 찾고 창조적으로 모방하라

이미 언급한 바가 있지만 나는 사회복지현장에 있으면서 참으로 감사한 선배님들을 만나 롤모델로 삼고 노력해왔으며, 그분들을 닮아가려고 했다. 그리고 지금 내가 이 자리에 있는 것도 어쩌면 그분들 덕이 아닌가 하는 생각이 든다.

그런데 함께 일하는 많은 사람들이 자신이 최고인 양 또는 어떤 생각을 가졌는지 모를 만큼 방향이 설정되지 않은 상태로 그저 주어진 일을 행하는 사람들을 많이 보곤 한다. 나는 그런 분들에게 자신들이 표준으로 삼을 만한 모델링 대상을 찾고, 그들을 창조적으로 모방해보라고 권하고 싶다. 그러한 '롤모델'은 역사적으로 위대한 인물이어도 좋지만 주변에서 자주 접하는 모범적이고 윤리적이며 내가 전문가로서 따라갈 만한 사람으로 정해도 좋다.

마키아벨리가 『군주론』에서 '인간은 길을 걸을 때 거의 늘 선인이 다닌 길을 따라 걸으라.'고 한 것처럼 군주에게조차 위인을 흉내 낼 것을 촉구하고 있듯이 어떤 분들은 큰 뜻을 품기 위해서는 처음부터 위대한 사람만을 롤모델로 정하면 좋다고 한다.

하지만 나는 그렇지 않아도 좋다고 생각한다. 그리고 롤모델은 한사람이 아니어도 좋다고 생각한다. 다만 나에게 분명한 목표를 제시해주고 나의 노력을 집중해서 따라갈 만한 사람이라면 롤모델이 될 수 있다고 생각한다. 롤모델을 정하는 것만큼 중요한 것은 롤모델을 그대로 흉내내기보다는 창조적으로 모방해 가는 것이 중요하다고 생각한다.

내가 살고 있는 자치단체의 민선 4기에서 '창조적 변화'라는 용어를 비전으로 사용한 적이 있다. 나는 이 '창조적 변화'라는 용어가 참 마음에 와닿는다.

최근 우리 사회는 '혁신Innovation'이라는 용어가 소위 대세이다. 혁신은 사전적으로는 묵은 풍속, 관습, 조직, 방법 따위를 완전히 바꾸어서 새롭게 한다는 뜻이다. 다시 말해서 기존의 것을 새롭게 보는 것이며, 철학적으로는 본질을 보는 것이라 할 수 있다. 그러므로 '혁신'이란 것을 풀어보면 본질로 시선을 전환하는 것이며, 본질로부터 새로운 의미와 가치를 생성시키는 것이다.

이처럼 모델링 대상을 찾고 모델링 대상을 따라하되, 창조적으로 모방하라는 것은 똑같이 하는 것이 아니라 그 대상본질으로부터 나만의 새로운 의미와 가치를 만들어 가는 것이다. 이것이 '혁

     4차 산업혁명시대 사회복지 실천가로 리모델링 하기

신'이요, 개인적으로 나만의 고유성을 찾으며 각자의 전문영역에서 창조적으로 변화되고 성장하는 것이다.

이것을 우리가 하고 있는 프로그램에 적용시켜 보면 '혁신'은 단순히 기존에 없었던 새로운 사업, 새로운 프로그램, 새로운 정책, 새로운 전략을 도출하며, 생성시키는 것이 아니라 생각의 전환, 시선의 전환을 통해 새롭게 변화시켜 가는 것이라는 것이다.

물론 새로운 프로그램, 새로운 정책, 새로운 전략을 도출하는 것도 중요하다. 그러나 나는 후배들에게 기존의 것을 통해서도 얼마든지 새로운 변화를 가져올 수 있으니 또 다른 무엇인가를 개발하려고 애쓰는 것만큼 이러한 변화를 통해 성장하는 것이 결코 하찮은 것이 아니라 매우 의미 있는 변화라고 말하고 싶다.

어쩌면 이러한 본질에 대한 사유가 우리 개인의 존재가치뿐만 아니라 관계를 맺고 있는 이의 존재가치도 찬란하게 밝히고 드러내 보일 수 있도록 만들며, 우리의 삶에 더 지속 가능한 힘을 주는 것이 아닌가 하는 생각을 한다.

긍정심리학을 믿어라

긍정심리학은 미국 심리학회 회장이었던 펜실베이니아 대학교 심리학 교수인 마틴 셀리그만Martin Seligman이 1998년 『마틴 셀리그만의 긍정심리학』을 통해 제시한 것으로, 창시자라고 할 수 있다. 마틴 셀리그만은 행복은 바이올린 연주나 자전거 타기의 기술과 같이 꾸준히 연습하면 얻어질 수 있는 것이라고 했다.

사람들은 누구나 행복을 꿈꾸고 또 그 행복을 이루기 위해 부단히 노력하고 있다. 사회복지사 당사자는 물론 사회복지사를 찾아오는 도움이 필요한 클라이언트도 마찬가지다. 그런데 클라이언트의 문제에 도움을 주고 해결하고자 하는 사회복지사가 '긍정심리학'에서 이야기하는 누구나 꾸준한 연습을 통해 행복을 찾아갈 수 있다는 명제를 믿지 못하면 클라이언트에게 믿음을 줄 수 없으며, 우리의 시작은 처음부터 올바른 길로 다가갈 수 없다.

긍정심리학의 목표는 힐링과 행복, 웰빙, 성공 모두를 포함시킨 최상의 상태에 도달하고자 하는 '플로리시Flourish'다. 플로리시를 위한 5가지 요소인 긍정정서, 몰입, 의미, 관계, 성취와 이들 모두의 기반이 되는 성격인성강점에는 도덕적성격강점, 정서적긍정정서, 사회적관계, 인지적지혜와 판단능력 개념과 이들을 실천할 수 있는 과학적으로 증명된 행복 연습도구가 포함돼 있다. 이 연습도구를 실천해 행복을 만들 수 있다고 보는 것이다.

현대사회는 모든 조직들이 경쟁우위에 서기 위해서 변화하고, 혁신하고, 도전하며 성과를 위해 노력한다. 이러한 변화 속에서 사회복지조직도 예외는 될 수 없을지 모르지만 사회복지사는 구성원에 대한 믿음과 클라이언트의 변화를 위한 '긍정성'은 매우 중요하다.

99%의 사람들이 변화되지 않을 것이라고, 바꿀 수 없다고 포기하라고 할 때 사회복지사는 동의해서는 안 된다. 실패가 있을지언정 도전하고 훈련하고 연습하여 변화될 수 있다는 1%의 사람이 되어야 한다.

플로리시는 우리의 모든 능력이나 잠재 능력까지 발휘해 번성시켜 활짝 꽃피우는 것이다. 인생이 꽃처럼 활짝 피어난다는 뜻이다. 개인의 지속적인 행복 증진, 기업의 지속적인 성장, 교회의 부흥, 조직의 행복도 플로리시다. 인간 기능의 최상의 범위 안에 속하는 삶이며, 그러한 삶은 선함, 후진 양성, 욕구, 성장, 회복력을 함축한다.

2015년 세계행복보고서에 따르면 우리나라는 50개국 중 47위를 하고 있으며, 아동·청소년의 행복과 관련해서는 한국방정환재단이 조사한 결과에 따르면 2014년부터 조사국 23개국 중 6년 내리 최하위를 기록하고 있으며, 2016년 현재 OECD 22개국 중 꼴찌였다.

이러한 시대에서 국민의 행복추구를 위한 최일선에서 일하는 직업 중에 하나인 사회복지사에게 더욱 필요한 것은 '긍정성'임을 잊지 않고 실천현장에 적용해야만 한다.

강점을 찾아라!

일반적으로 많은 사람들이 자기계발을 위해 자신의 약점을 찾아보고 그 약점을 보완하려는 노력을 한다. 다시 말해서 사람들은 삶을 살아오면서 자신의 상점보나는 약점을 많이 느끼고 의시하며, 그 약섬을 세서하거나 감추려는 노력을 많이 한다는 것이다.

심리학자들은 이러한 현상을 '부정성 편향' 또는 '부정성 효과 Negativity Effect'라고 부른다. 이것은 인류가 원시시절부터 각종 위험맹수으로부터 생존하기 위해 부정성 편향의 신경조직을 가지게 되었다고 말한다. 일종의 적응적 전략의 선택이었다는 것이다. 그래서 인간이 '긍정적인 정보'보다는 '부정적인 정보'를 더욱 중요하게 인식하게 되었으며, 이러한 이유로 인간이 좋은 이야기보다는 부정적인 이야기를 지나치게 과장하는 경향성을 가지게 되었다는 것이다.

이제까지 우리 사회도 역사적으로 보면 약점과 문제를 잘 알고 해결하는 사람이 생존경쟁에서 유리한 위치를 차지했다. 그러나 사회가 발전하고 새로운 시대를 맞이하여 과거와 같은 경쟁과 위험도 변화되고 있다. 세계적인 경영학자인 피터 드러커Peter Drucker는 "약점으로는 그 어떤 성과도 낳을 수 없다. 성과를 낳는 것은 강점이다. 강점을 파악해야 한다."라고 말했다.

일반적으로 현장에서 일하면서 상사에게 약점을 지적받는다면 부하직원들은 그 약점을 보완하기 위해 스스로 짜증을 내면서 불편한 하루를 보내게 될 것이다. 반면에 강점에 대해 칭찬을 받으면 활기차고 즐겁게 하루를 마무리하는 것은 물론, 자신의 강점을 더욱 살리기 위해 노력하게 될 것이다. 피터 드러커가 말한 것처럼 우리 사회에서 크게 성장하고 한 분야에서 성공한 사람들은 자신의 약점을 보완하며 그 자리에 오른 것이 아니라 자신이 잘할 수 있는 강점을 더욱 활성화시켜 세계적인 권위자가 되고 사회적인 성공을 거둔 것이다. 그럼에도 불구하고 여전히 자신의 약점을 보완하는 데 더 집중하고 있는 사람들이 있다면 생각을 바꾸어 자신의 강점을 찾아보고 그 강점을 더 활성화시키고 활용할 수 있는 분야를 찾아보기를 권고한다.

자신의 강점을 발견할 수 있는 점검을 할 수 있는 방법은 많이 있겠지만 나는 마커스 버킹엄 교수의 『위대한 나의 발견 강점혁명』이란 책과 『마틴 셀리그만의 긍정심리학』의 VIA 홈페이지www.viastrengths.org를 통해 강점을 확인할 수 있었다.

사회복지 분야도 점차 다양화되고 전문화되고 있다. 사회복지 분야를 미래의 직업으로 삼고 있는 분들이 있다면 과거처럼 단순하게 봉사의식만 가지고는 생존할 수 없다. 또한, 하고는 싶지만 상식적인 수준에서 적성이 아니라고 생각하는 분들도 있을 수 있다. 그러나 앞서 말한 것처럼 사회복지도 다양한 만큼 자신의 강점을 잘 찾아 적절한 분야로 접근한다면 그렇지 않은 경우보다 훨씬 더 즐겁고 행복한 직업생활을 할 수 있을 것이다.

강점은 끊임없이 변화하는 속성을 갖는다. 그러므로 성격을 변화시키려고 노력하는 것보다는 자신의 강점이 개발되고 발전될 수 있도록 노력하는 것이 우리에게 더욱 필요하다.

시시각각으로 변화하는 현대사회에 적응하고 각자의 주어진 일들을 더욱 질 수행하기 위해서 이제 우리가 해야 할 일은 자신의 강점을 잘 찾아내는 것이 아닐까 생각해 보아야 한다. 그리고 찾은 강점을 더 훈련하고 자신이 하고 있는 일 그리고 그 일을 함께 진행하고 있는 사람들과 연결되도록 하는 것이 지금 우리에게 필요한 것이 아닐까 생각된다.

    4차 산업혁명시대 사회복지 실천가로 리모델링 하기

지혜로운 후배를 키워라

요즘 우리 사회에서 청년이 한 조직의 일원이 되는 것이 매우 어려워 보인다. 그러나 열심히 노력하여 내가 원하는 조직에 발을 들여놓았다 하더라도 그 조직에서 임원이나 경영진으로 성장하는 것은 결코, 쉽지 않아 보인다. 조직의 위계가 참여적인 사회복지 조직도 예외는 아니다. 우리 모두가 비슷한 출발 선상에서 출발했으나, 몇 년이 지나면 소수만이 리더로 성장하게 되는 것이 일반적이다.

이러한 이유에는 매우 다양한 요소가 곁들여져 있는 것은 두말할 나위 없다. 인간관계가 좋아야 한다고 말하기도 하고, 일에 대한 성과를 최우선으로 여기기도 하며, 혁신을 잘해야 한다고 말하기도 한다. 그러나 사회복지 조직에 있어서는 '태도'가 좋아야 한다고 말하고 싶다.

‘태도’란 몸의 동작이나 몸을 가누는 모양새를 말하기도 하며, 어떤 일이나 상황 따위를 대하는 마음가짐 또는 그 마음가짐이 드러나는 자세를 말한다.

성과가 좋을 때나 나쁠 때, 혹은 관계가 좋을 때나 나쁠 때 사람들이 그 상황을 대하는 마음가짐이나 드러나는 자세에 따라 플러스 요인이 될 수도 있고 마이너스 요인이 될 수도 있다.

이러한 반응을 잘하기 위해서는 긍정적인 자세와 지혜로움이 필요하다. ‘지혜롭다’는 것은 사물의 이치를 빨리 깨닫고 사물을 정확하게 처리하는 정신적 능력이라고 말한다. 이러한 지혜가 생기기 위해서는 심성이 곧고 바른 사람이어야 한다. 어떤 한 조직이 성장하기 위해서는 이러한 지혜로운 후배를 양성해야 한다.

지혜로운 후배는 당사자가 스스로 만들어갈 수도 있겠지만 조직이, 그리고 한 조직 내에서 지혜로운 선배가 후배들을 잘 양육해서 만들어갈 수도 있다. 조직 내에서 지혜로운 후배를 잘 양성하는 것은 그 조직이 단기간의 성과를 내는 것 이상으로 장기적인 성장과 발전을 위해 매우 필요한 것이다.

요즘처럼 사회복지의 환경이 급변하고 다양화되는 때에는 후배를 양성하는 것이 더욱 필요해진다. 마키아벨리가 『군주론』에서 ‘날씨가 좋을 때 폭풍우가 몰아칠 것을 예상치 못하는 것은 인간의 공통된 약점이다. 이들은 평화에 젖어 상황 변화 가능성을 전혀 예상치 못한다.’고 말했다고 한다. 물론 이것은 군주가 가져야 할 덕목을 이야기하는 것이지만 어떤 조직이든 마찬가지라고 생각된다.

미래를 내다보고 준비하지 못하는 조직은 결국 무너질 수밖에 없다는 것이다. 직원 중에 열정을 가지고 참여하는 사람을 선발하는 것도 중요하지만 동시에 현재 있는 직원들을 미래를 위해 잘 준비해 가는 것도 우리가 해야 할 일 중에 하나인 것이다.

할 수 있는 만큼만 실천하라

사회복지를 하면서 알게 된 후배가 있다. 그 후배는 무엇이든 열정을 가지고 애쓰며, 적극적으로 모든 일을 썩 잘 해내고 있었다. 그런데 1년쯤 지나서일까 많은 유관 기관에서 그 후배에게 여러 가지 도움을 청하고 있었다. 물론 그 후배의 도움으로 많은 것을 해결하는 듯했다. 그리고 후배의 도움을 칭찬하고 감사해 하는 사람이 많았다. 그러던 어느 날 그 후배는 여러 사람들의 감사에 보람도 느끼고, 사회복지 실천이 잘 되는 것에 고무되었는지, 더 많은 사람들에게 여러 가지 도움에 대한 약속을 하고 있었다. 다른 사람을 위해 애쓰는 것은 칭찬받아 마땅한 일이지만 얼마 지나지 않아 불평하는 사람들이 나타나기 시작했다.

그 이유는 적극적인 성격 때문인지는 몰라도 이곳저곳에서 요청하는 도움이 자신이 해결할 수 있는 능력의 범위를 넘어서거나 요청받은 부탁에 대해 정해진 시간 내에 약속을 이행하지 못하는 것이었다.

우리는 학교에서나 현장의 선배 사회복지사에게 사회복지사로서의 능력이나 자신의 업무를 벗어나는 것에 대해서 서비스 대상자들에게 약속하는 것을 신중히 하라고 배우고 있다. 그런데 그 점에서 그 후배는 열정적인 성격과 네트워킹하려는 욕심이 앞서서 어느 순간 소화할 수 없거나 기간 내에 할 수 없는 약속까지 성급하게 해버린 것이다. 그로 인해 자신도 업무 부담을 받고 있으며, 또한 부탁을 한 사람들에게는 신뢰를 잃는 처지가 된 것이다.

직업인으로 생활하면서 꼭 기억해야 할 것은 내가 감당할 수 있는 권한과 한계를 잘 살펴서 해야 한다는 것이다. 누군가에게 봉사나 배려, 친절을 품은 선한 마음으로 약속할 때에는 할 수 있는 만큼, 감당할 수 있는 만큼만 베풀어야 한다는 것이다. 의욕이 넘치고 욕심이 넘쳐 무리하는 순간 가장 큰 실수를 하게 되는 것이다.

이것은 사회복지 현장에서 전문가로서 가져야 할 행동지침으로 마땅히 잘 새기고 실천해야 한다. 너무 소극적인 실천도 사회복지사로서 바람직하지 못하지만 넘치는 것도 적절하지 못한 실천이다.

네트워크를 만들고 유통시켜라

내가 사회복지를 처음 시작할 무렵, 우리 지역에는 사회복지 기반이 부족했다. 그로 인해 무엇인가 좀 더 배우고 알아가기 위해서 지역의 인적자원에만 의지하기에는 한계가 있었다. 그 한계를 벗어나기 위해 나는 타 지역으로 네트워크를 확산시켰다. 그리고 퇴근 후에 그곳에서 우리 지역 현장에서 채우지 못한 갈증을 채워 나갔다. 그곳의 선배님들로부터 현장의 소소한 이야기들을 듣고 배웠으며, 실제적인 현장의 기록과 행정 등에 대해서 배울 수 있었다.

특히, 나는 퇴근 후 활동해야 하는 어려움이 있었기에 한 번의 모임을 통해 더 많은 것을 얻기 위해 묻고 또 물었으며, 기억하고, 기록하며 다른 어떤 것보다 그러한 기회가 소중했었다.

그리고 2~3년을 보내면서 새로운 생각이 들었다. 이제는 힘들게 먼 곳으로 다니기보다는 내 지역에서 네트워크 조직을 만들어 선배님들을 모시고 와야겠다는 생각을 했다. 그 이유는 어느 정도 타 지역 선배님과도 관계가 형성되었고, 내가 활동하는 동안 우리 지역에도 나와 같은 욕구를 가진 동료와 후배들이 생기기 시작했기 때문이다.

그래서 동우회를 조직하고 자의 반 타의 반 회장으로 활동하며 타 지역 선배님들을 모셔와서 학습과 경험을 나눌 수 있는 기회를 만들고 그것을 자료화하여 카페에 게시한 후 실제 오프라인에 참석하지 못한 동료 및 선후배님과 공유하였다. 지금은 이 모임이 공식적인 조직으로 창립되어 더 많은 회원이 모이고, 더 많은 활동을 통해 지역에서 다른 변화를 만들어 가고 있다.

내가 했던 활동이 정답은 아니지만 한 가지 깨달은 것은 사회복시 현징에서 배위야 할 것이 많다는 것이다. 물론 다른 전문가 그룹도 마찬가지라고 생각한다. 요즘 대학입시에서 수시모집를 통해 학생들을 선발한다고 한다. 그만큼 대학 입학에서도 한 분야에 진입하기 위해서 지속적으로 관련 분야에서 소양이나 전문성을 갖추는 노력이 필요하다는 것이다. 하물며 전문가로 진출한 사람들이라면 전문가로서의 역량을 계발하고 유지하기 위해 노력을 게을리해서는 안 된다. 그 노력의 수단으로 네트워크를 조직하고 활용하는 것은 매우 좋은 방법이 될 수 있다는 것이다.

그런 의미에서 사회복지를 하는 사람들은 다양한 영역에서 네트워크를 만들어가는 노력을 해야 한다. 그 네트워크를 통해 개인의

  4차 산업혁명시대 사회복지 실천가로 리모델링 하기

발전은 물론 조직의 발전을 이끌어야 하며, 더 나아가서는 분야의 발전도 가능하다.

물론 네트워크를 만드는 데 그쳐서는 안 된다. 만들어진 네트워크를 확산시키고 유통시키는 일까지 우리들의 몫이다. 잘 만들어진 네트워크가 그 본래의 기능을 잘 유지할 수 있도록 하는 것은 생각만큼 쉬운 일은 아니다. 많은 시간과 노력이 필요하다. 지치지 않고 꾸준하게 지속성을 가진 네트워크로 성장시키는 것은 어느 한 사람의 노력으로 되는 것은 아니다. 그렇기 때문에 또 배우고 실천해야 한다.

네트워크 조직은 거창할 필요는 없다. 5명 이내라도 뜻을 같이 하는 사람이 있다면 시작해야 한다. '누군가 시작하겠지?'라는 생각으로 필요하고 중요한 일을 미루어서는 안 된다. 조금 힘들고 어려움이 있더라도 '나부터 시작하자.'라는 생각으로 실천에 옮겨야 한다. 그 발걸음이 곧 작은 역사를 만들게 될 것이다.

우리 지역의 문제를 해결하는 데 있어서 혼자보다 둘이 좋고, 둘보다 셋이 좋다. 함께 힘을 모으고 생각을 모으면 좀 더 좋은 해결 방안을 만들어 낼 수 있다. 그 실천을 지금 바로 우리가 시작해야 한다.

여러 곳에서 이러한 실천을 하는 네트워크 조직을 찾아서 함께 하는 것도 좋은 방법이다. 네트워크를 본인이 만들지는 않았지만 유통시키고 확대시키는 일도 소중하고 의미 있는 활동이다.

앨버트 A.비체르Albert A.Vicere가 말한 전문가로서 네트워크 지향적인 마인드를 발달시켜 나가는 데 필요한 기술에 대해 몇 가지 정리해 보자.

첫째는 관계 지향적 사고방식을 갖는 것이다. 이것은 상호 보완적인 동업자를 찾고 연계하려는 데 개방적인 자세를 말한다. 둘째, 개인적인 특이성에 대한 지식을 인식해야 한다. 다시 말해서 자기 자신과 자신이 속하고 있는 조직이 가지고 있는 핵심능력과 가능성, 그리고 역량을 알아내고 표현할 수 있는 능력을 말한다. 셋째, 다른 사람의 특이성을 알아보는 능력이다. 이것은 나와 네트워킹될 잠재적 협력자가 가지고 있는 핵심 능력과 가능성, 그리고 역량을 알아보고 확인하고 평가할 수 있는 능력을 말한다. 넷째, 시너지 효과를 찾는 것이다. 나와 잠재적 협력자의 능력과 가능성, 그리고 역량이 결합되었을 때 어떤 항목들이 더 뛰어난 잠재력을 창출해 낼 수 있을지 알아내고 평가하는 능력이다.

리더의 위치에 있는 사람이든 그렇지 않은 사람이든 간에 관계 지향적인 태도는 매우 중요하다. 이제 여러분 주위에 있는 많은 개인 및 조직 중에서 여러분과 같은 뜻이 있는 네트워크를 찾아라. 그리고 실천을 시작하라. 그러한 네트워크가 없다면 지금 여러분이 만들어 가보길 바란다. 미래의 나와 조직, 그리고 지역사회가 변화되는 경험을 하게 될 것이다.

나는 작은 동우회를 협회로 창립하기까지 10년이 걸렸다. 그러나

     4차 산업혁명시대 사회복지 실천가로 리모델링 하기

생각해 보면 긴 시간도 아닌 듯하다. 우리는 늘 활동하고 있었고, 지금도 활동하고 있을 뿐이다.

우리에게 맡겨진 작은 소명을 현실에서 이루어 내기 위한 끊임없는 노력이 미래를 바꿀 수 있다는 신념으로 해야 할 것을 할 수 있는 전문가가 되어보는 것은 어떤가?

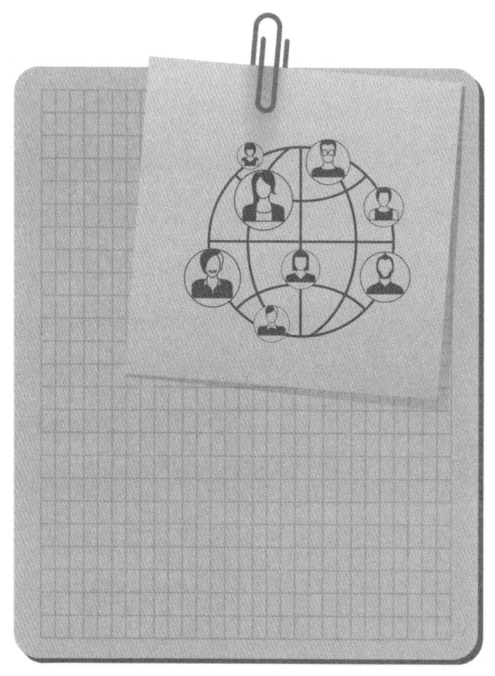

충성(忠誠)하라

충성忠誠하라고 하면, 무슨 쌍팔년도식 조언을 하냐고 말씀하실 분이 있을지 모르겠다. 그러나 '충성'의 참뜻을 되새긴다면 우리 사회에 정말 필요한 조언이라 생각할 수 있을 것이다.

우리가 군에 있을 때 '충성忠誠'이라는 경례 구호를 자주 외치곤 했다. 그런데 이 충성이라는 용어를 사회생활을 하면서도 종종 입에 올리곤 한다. 하지만 진정한 충성의 의미가 아닌, 왜곡해서 사용하는 것은 아닌지 가끔은 혼란이 올 때가 있다. 어쩌면 나 또한 그러한 실수를 했었는지도 모르겠다.

어느 강연에서 공자가 말한 '충忠'의 참뜻이 우리가 흔히 알고 있는 것처럼 국가를 위해 몸과 마음을 바치는 또는 기관의 대표에게 무조건적 복종을 뜻하는 것이 아님을 알게 되었다. 진정한 의미의 충忠은 가운데 중中과 마음 심心의 두 글자가 합쳐진 것으로 '마음의 중심을 잡고 흔들리지 않는 것'이란 의미라는 것을 새롭게 알게 되었다. 다시 말해 무조건적 충성심을 뜻하는 것이 아니라 마음의 중심을 잡고 흔들리지 않아 도덕적으로 무엇이 옳고 그른지를 판단하고 그 판단을 행동으로 옮기라는 뜻이 있다는 것이다. 공자님께서는 충은 순종이 아니라 엄정한 도덕적 결단과 시행을 의미한다는 것이다.

우리 사회에서 충성이라는 이름으로 상사나 윗사람의 눈치를 살피며, 상사나 윗사람의 지시가 없음에도 불구하고 상사나 윗사람을 위한다는 명분으로 죄와 허물을 대신하는 경우를 보게 된다. 그러한 행동은 공자가 말씀하신 '옳고 그름'을 판단하는 도덕적 기준이 아니라 맹목성에 따른 행동인 경우가 많다. 때로는 직간접적 지시에 따라 '사회적 정의'에 반하는 행동을 하는 경우도 있다. 이 것은 공자가 말씀하신 진정한 충심의 실천이 아니다. 그것은 상급자의 도덕적 결단과 실천을 방해하는 것이다.

르네상스 말기 이탈리아 사상가로 『군주론』의 저자인 마키아벨리는 자기를 지킬 수 있거나 망칠 수 있는 힘이 있는 사람에게 충성을 바치는 것은 당연하고 옳다고 했다. 다시 말해 자신에게 어떤 큰 힘으로 영향을 미칠 수 있는 사람에게 자신의 모든 것을 바치고 따르는 것은 어쩌면 당연한 이치일 수 있다는 것이다.

다만 진정으로 상사나 상급자, 윗사람을 보필하고 따르는 것은 윗사람이 올바른 도덕적 선택을 통해 가정과 회사, 더 나아가 국가를 통치할 수 있도록 하는 것이다. 비도덕적이고 비합리적이며,

충동적이고 리더의 욕심을 채우기 위한 선택을 대면했을 때는 마음의 중심을 잡고 흔들리지 않은 가운데 사회적 정의와 도덕적 선택을 할 수 있도록 보좌하는 것이 진정한 충성심이라는 것이다.

과연 현재 우리는 어떠한가? 우리가 알면서도 모른척하거나 오히려 법인과 조직을 위해 진정한 충성의 뜻을 저버린 적은 없는가? 있다면 지금 이 순간 한 번이라도 반성하고 새로운 실천을 하길 바란다.

매스컴을 통해 가끔 보도되는 사회복지 종사자들의 비윤리적 행태들을 보고 있노라면 우리가 지켜야 할 본질이 무엇인지 의구심을 갖지 않을 수 없다. 우리가 시설의 대표나 법인의 대표가 욕심을 채우는 수단으로서의 역할을 하고 있지 않는지 되돌아보아야 한다는 것이다.

진정한 사회복시사는 우리가 행사 때마다 선서하듯이 '인간존엄성과 사회정의의 신념을 바탕으로 개인·가족·집단·조직·지역사회·전체사회와 함께' 해야 한다.

또한 '언제나 소외되고 고통받는 사람들의 편에 서서 저들의 인권과 권익을 지키며, 사회의 불의와 부정을 거부하고 개인 이익보다 공공이익을 앞세워야' 한다.

우리는 이러한 사회복지사 윤리강령을 준수하고, 도덕성과 책임성을 갖춘 사회복지사로 헌신해야 하는 것이다. 이런 의미에서 요즘처럼 사회적, 정치적 변화가 많은 때에 '충성'의 참뜻을 새롭게 생각해볼 수 있었으면 좋겠다.

서로 사랑하고 존중하라

나는 직원들과 이야기할 때 대부분 차분하게 이야기를 이끌어 가는 편이다. 그러나 가끔은 언성이 높아질 때도 있다. 더 나아가서는 화를 참지 못하고 폭발하는 때가 있다. 그 결과는 대부분 후회다.

동료들을 옆에서 지켜보면 내가 경험했던 그런 감정을 다른 어떤 사람들보다 강하고 빈도가 높게 표현하는 사람들이 있다. 표정을 보면 일상의 모든 시간에 늘 화가 나 있는 표정으로 생활하는 사람도 있다. 그로 인해 직원들과의 대화에 부정적이고 갈등적인 대화를 하게 되고, 직원들과 관계를 부정적으로 변화시킨다.

우리는 사랑하는 가족들에게도 갑자기 폭력적이 되거나 욕하고, 비난하곤 한다. 잘못된 것인 줄 알면서도 반성은 잠시고 습관처럼 변화되지 못하고 반복되곤 한다.

직장 내에서는 이러한 행동은 일반적으로 상급자가 하급자에게 표현하게 된다. 이유는 하급자의 태도나 말이 상급자에게 대항하는 느낌을 받을 때 그런 경우가 많다.

상급자는 그런 하급자의 태도에 대해 '나는 아무 문제가 없어. 네가 변하면 돼!'라는 마음의 표현으로 비난하거나 질책하게 된다. 이럴 때 하급자는 어떤 마음이 들까? 우리가 경험하고 생각하고 있듯이 자존감에 상처를 받는다. 청소년기에 비해 그 상처는 덜하겠지만, 오랫동안 지속되는 경우가 있고, 심한 경우는 그러한 비난이 퇴사를 결심하게 되는 주요 원인이 되기도 한다.

우리는 인간으로서 또는 함께하는 동료로서 서로 존중할 필요가 있다.

한 강연에서 참가자들에게 설문을 받았다. 참가자 중 '상급자의 비난이나 질책, 심시어는 강압과 폭력을 통해서 변화될 수 있기에 그러한 상급자의 태도에 대해 정당하고 마땅히 받는 것이 좋다고 생각하는 사람이 있는가?' 였다. 그 결과 '그렇다.'고 응답한 사람은 한 명도 없었다.

다음으로 '참가자 본인들은 다른 사람들 중에 이러한 비난이나 질책, 강압과 폭력을 통해서 변화가 가능하다고 생각되는 사람이 있는가?'라는 질문을 했다. 그 질문의 응답에는 '그렇다.'고 응답한 사람이 꽤 많았다.

다시 말해서 사람들은 나는 비난이나 질책 강압과 폭력을 받는 것에 대해 부정적이면서 타인들에게는 그러한 비난이나 질책, 강

   4차 산업혁명시대 사회복지 실천가로 리모델링 하기

압과 폭력이 필요하다고 생각하고 있다는 것이다.

타인을 나와 동등한 위치에서 바라보지 못하는 것이다. 이것은 일반적으로 우리가 일상생활에서 타인에게 화내고 비난하게 되는 이유가 되는 것이다. 그러나 인간관계라는 것은 상호존중 없이는 한 발자국도 나아갈 수 없다. 오히려 더 악화될 뿐이다.

상호 존중하는 마음과 실천 속에서 관계가 회복되고, 우리를 성장시키며, 변화시키는 힘이 있다는 것을 알아야 한다. 그리고 그렇게 되도록 우리는 끊임없이 노력해야 한다.

이러한 상호존중의 마음에는 기본적으로 서로에 대한 사랑이 있어야 한다. 서로에 대한 사랑이 있다면 직원들과 싸우더라도 관계는 악화되지 않는다. 왜냐하면, 사랑이 있다면 최소한 서로 존중하는 속에서 대화를 통해 합리적이고 논리적인 싸움을 하게 되기 때문이다.

가정 내에서 부부간의 다툼, 부모와 자녀 간의 다툼, 그리고 비난, 심한 경우 폭력적 행동은 사랑과 상호존중하는 마음이 없다면 관계는 소원해 지고 심한 경우 해체되기도 한다. 그 관계를 회복하기 위해서는 많은 시간이 소요되거나 관계의 회복 없이 생을 마감하기도 한다. 그러나 사랑과 애정이 있다면 싸운 뒤에 결속력이 더 강해질 수 있다.

하급자는 상급자를, 상급자는 하급자를, 그리고 다른 동료 모두에 대한 나의 마음속에 사랑과 상호존중의 마음을 키워야 한다. 그것이 조직 내에서 우리가 서로 오랫동안 생활할 수 있는 비결이다.

TOYS
NEED HELP

02 CHAPTER
사회복지에
시장경제를 접목하라

경제도 복지다

흔히들 사회복지와 경제성장을 이분법적으로 보거나, 사회복지를 경제발전의 시혜적 수준으로 보는 경향이 있다. 그러나 사회복지와 경제는 동반자적 관계라고 생각하며, 그에 따라 경제학자라 할지라도 사회복지에 관심을 가져야 하며, 반대로 사회복지 전문가도 경제에 관한 식견이 필요하다고 생각한다.

다시 말해서 '경제도 복지다.' 경제를 주의 깊게 살펴본다면 사회복지사로서 우리의 도움이 필요한 부분을 누구보다 잘 찾아낼수 있으며, 또한 다양한 사회복지 분야에 적용 능력도 향상시킬수 있다.

경제 분야에서 '다우지수를 보면 경제 트렌드가 보인다.'고 말하곤 하는데, 나는 '경제를 보면 사회복지가 보인다.'고 말하고 싶다. 어떤 측면에서는 경제적 개념이 사회복지에 직접적 또는 간접적으로 적용되는 경우가 많기 때문이다.

사회복지의 많은 문제 중에서 각 대상별 소득의 문제, 빈곤의 문제, 여가생활의 문제 등이 경제 동향을 잘 분석하고 발견해냄으로써 해결방법도 찾아질 수 있다고 생각한다.

우리나라는 현재 국민소득 2만 달러 시대다. 앞으로 소득 3~4만 달러 시대로 변화됨과 동시에 그에 따른 패러다임도 변화된다. 그러한 패러다임을 잘 살피는 것이 복지를 잘하는 출발이 될 수도 있다는 것이다.

소득 1~2만 달러 시대가 자산을 모으는 시대라고 한다면, 소득 3~4만 달러 시대는 모은 자산을 잘 관리하는 자산관리의 시대가 된다고 한다. 그러한 변화에 맞추어 사회복지 분야에서 소득 1~2만 달러 시내에서 3~4만 달러의 시대를 위해서는 재테크 및 은퇴설계와 노후생활에 미치는 영향이 변화될 것이며, 사회복지는 그러한 시대에 맞는 준비를 해야 한다.

특히, 매슬로우의 욕구 5단계 이론에 따르면 사람들의 욕구도 상위 욕구인 존경의 욕구와 자아실현의 욕구가 강해지는 것은 당연한 일이며, 사회복지가 과거 1~2만 달러 시대의 의衣·식食·주住와 안전의 욕구에서 그러한 사람들의 욕구를 채워줄 수 있는 시스템으로 변화되어야 한다는 것이다.

우리가 사회복지 정책을 이야기할 때 우리나라의 복지지출 증가율이 OECD 평균 3.5배를 넘고 있다는 것은 이미 객관적 자료로 제시되고 있다. 또한, 우리나라 복지예산은 2017년 129조 5천억 원으로 정부지출 400조 5천억 중 32%로 가장 큰 비중을 차지하고 있다. 또 급증하는 복지수요를 감당하기 위해서 복지지출은 계속 늘어날 수밖에 없으며, 그러한 변화를 사회복지사는 잘 인식하고 있어야 한다. 그리고 효율적인 복지지출을 찾아내고 적용하는 방안에 대해 고민해야 한다. 더불어 경제변화에 따른 여성과 고령자, 장애인 등의 소득보장을 위한 일자리를 찾아내고 실천하는 등의 다양한 분야가 사회복지와 직간접으로 연관되어 있음을 알아야 한다.

사회복지 전문가들도 2013년 미국 중앙은행인 연방준비제도이사회FRB가 전격적으로 시행하는 테이퍼링tapering[3]의 용어에 대해 알아야 하며, 서브프라임모기지론Subprime mortgage loan[4]에 대해서도 알아야 한다. 또한 양적완화quantitative easing[5]와 금리인상[6] 이 가계부채와 부동산 시장, 그리고 실물경제에 미치는 영향 등에 대

---

3 테이퍼링(tapering) 연방준비제도(Fed)가 양적완화 정책의 규모를 점진적으로 축소해나가는 것. 출구전략의 일종으로 테이퍼링은 '점점 가늘어지다.', '끝이 뾰족해지다.'라는 뜻

4 서브프라임모기지론 비우량 주택 담보 대출로 신용도가 일정 기준 이하인 저소득층을 상대로 한 미국의 주택 담보 대출을 말한다. 2007년 4월 미국 제2의 서브프라임 모기지론 회사인 뉴 센트리 파이낸셜(New Century Financial)이 파산 신청을 내는 것을 시작으로 이른바 '서브프라임모기지론 사태'가 일어났다. 2008년에는 미국을 넘어 글로벌 금융 위기로까지 확산되었다.

5 양적완화 중앙은행이 통화를 시중에 직접 공급해 신용경색을 해소하고, 경기를 부양시키는 통화정책. 통화량이 증가하면 통화가치가 하락하고, 원자재 가격이 상승하여 물가는 상승한다. 양적완화 정책을 점진적으로 축소하는 것을 테이퍼링(tapering)이라고 한다.

6 금리인상 금리(interest rate)란 한마디로 돈의 가격이다. 이 금리를 인상한다는 것은 가계부채와 부동산시장, 금융시장에 직접적인 영향을 미친다.

한 경제 흐름에 대해서도 어느 정도의 알고 있어야 한다.

　사회복지의 많은 부분이 이와 같은 경제동향에도 매우 민감하게 반응하고 있으며, 또한 우리는 그렇게 변화되는 사회 속에서 사회복지 전문가로서 실천 활동을 하는 사회복지사이기 때문이다.

보는 시각이 달라야 한다

사회복지를 하는 사람들은 사회현상을 보는 시각이 그렇지 않은 사람들과 달라야 한다. 우리가 하는 일들은 누군가 필요로 하는 것들이 많다. 그중에서도 보편적인 것도 있겠지만 아직은 좀 더 사회에서 소외되고 소수인 사람들이 많다. 그 사람들을 보는 문제의식이 사회복지 비전문가들과는 달라야 한다는 것이다.

내가 아는 선배 한 분은 이런 이야기를 했다.

"눈 덮인 동산이 있으면 보기에는 아름답습니다. 그런데 그 속에 무엇이 있을까 생각해 봤나요? 수많은 쓰레기가 있을 수도 있다는 사실을 잊지 마시길 바랍니다."

이 선배도 이 말씀을 교수님께 들었다고 한다. 이 말처럼 우리가 사는 사회는 눈 덮인 동산처럼 아름답게 보일 수 있지만 그 속에는 수많은 사회문제와 병들고 힘들게 하루를 살아가는 사람들이 있다. 그러한 상황을 변화시키기 위해 실천활동을 하는 우리는 다른 사람들과 다르게 그 속을 보는 눈을 가져야 한다.

그러한 것을 보는 눈은 태생적으로 타고난 것은 아니다. 많이 생각하고 훈련하는 과정 중에 자연스럽게 습득되는 것이다. 아무 생각없이 사회복지 현장에서 실천가로 살아가는 것은 자격미달이다. 우리 스스로 우리의 눈이 뜨이고 실천 역량이 향상되도록 끊임없는 훈련을 통해서 리모델링 되어야만 가능한 일이다.

이러한 시각을 통해 찾아낸 문제와 그 해결을 위해 달리는 우리의 실천이 인간의 변화와 사회의 변화를 가져오는 놀라운 감동을 경험한 사람이라면 이 직업의 행복을 느끼게 될 것이다. 나는 이 경험을 동료들과 후배들이 한 번쯤은 느끼고 퇴직하는 기회를 가질 수 있기를 바란다.

이제는 사회복지 현장 전문가로서 그렇지 않은 사람들에 비해 다른 시각으로 바라보는 방법에 대해 이야기해보자.

가장 먼저 이야기 하고 싶은 것은 사회문제라는 것과 개인의 어려움이라는 것은 시대에 따라서 그리고 개인의 환경에 따라서 달라질 수 있다는 것이다. 그렇기 때문에 사회의 변화를 알아채는 학습이 되어야 한다. 그리고 개인의 환경을 살피고 분석할 수 있는 지식과 경험이 필요하다. 소위 이슈와 트렌드를 읽을 줄 아는 사람이 되어야 한다는 것이다.

두 번째는 폭넓은 관점을 가지는 것이다. 우리는 숲은 보되 나무

     4차 산업혁명시대 사회복지 실천가로 리모델링 하기

는 보지 못한다는 말을 자주하곤 한다. 숲을 보면서 나무를 보지 못하는 것과 함께 나무는 보면서도 숲을 보지 못하는 것도 주의해야 한다고 말하고 싶다. 사회복지 실천을 하면서는 서비스 대상자들의 다양하고 항상 변화되는 것들에 대해 관심을 가져야 한다.

수동적인 측면과 능동적인 측면을 볼 줄 알아야 한다. 외부의 사업을 보면서 동시에 우리가 가진 자원에 대해서도 살필 줄 아는 통합된 사고와 시각 등이 있어야 한다. 우리의 마음과 몸이 늘 개방적 자세를 가지고 있다면 좀 더 다른 시각에서 모든 것을 바라볼 수 있는 능력이 향상될 수 있을 것이다.

세 번째는 폭넓은 관점에서 배우고 활동할 수 있게 지역 내 다양한 조직에서 활동하라. 지역에는 다양한 모임과 조직이 있다. 그런 조직을 통해 사회복지 분야와 다른 분야에 대한 지식도 얻고 새로운 관점에 대한 훈련도 할 수 있다. 나는 지속가능발전협의회, 지역보장협의체, 미래도시포럼, 미래문화연구회 등 동종 분야와 타 분야의 활동을 통해 지역을 배우고 문화를 배우고 사회를 배울 수 있는 기회를 가져보고 있다. 그 밖에도 크고 작은 많은 소통을 통해 다른 시각을 배울 수 있는 기회에 참여하고 있다. 부지런히 움직이면 움직인 만큼 얻는 것 또한 많아질 것이다.

흐르는 물은 썩지 않는다

앞서 말했지만 혁신이란 기존의 것을 새롭게 보는 시선을 내 안에서부터 가지는 것이며, 궁극적으로는 늘 새롭게 보는 안목이 내면화된 능력으로 구비하게 하는 것이라고 했다. 혁신은 단순히 기존에 없었던 새로운 사업, 새로운 프로그램, 새로운 정책, 새로운 전략을 도출하고 개발하고 생성시키는 것이 아니라, 끊임없이 다르게 생각하고, 다르게 바라보는 것이다. 다시 말해서 생각의 전환, 시선의 전환을 위해 쉼 없이 움직여야 한다는 것이다.

'흐르는 물은 썩지 않는다.'는 의미도 쉼 없이 움직일 때만 새롭게 될 수 있다는 것이다. 현장에서 일하는 것을 보면 날마다 나를 성장시키는 노력을 하는 사람이 있는 반면에, 가능하면 현재에 안주하려고 하며, 새로운 변화를 두려워하거나 거부하는 사람이 있다. 현재에 머물기를 바라는 사람은 '흐르지 않는 물'과 같은 사람으로 반드시 썩어가게 된다.

우리가 생활하는 사회복지 현장도 변화되지 않으면 성장이 멈추게 된다. 흔히들 대기업은 망하지 않는다고 한다. 그러나 우리는 현재 그토록 거대했던 기업들이 변화의 순간을 잘못 인식하거나 변화를 거부하여 세상 사람들의 기억에서 멀어지는 것을 얼마든지 볼 수 있다.

우리가 잘 아는 1880년 설립된 이스트먼 코닥^{Eastman Kodak Company}은 세계 최초의 롤필름 개발을 필두로 사진기와 인화지 등 수 많은 관련 제품을 쏟아내며 승승장구했었다. 100여 년 동안 승승장구하던 코닥도 디지털이라는 새로운 변화를 제때 간파하지 못해 1위의 아성을 내주는가 싶더니 결국 2012년 파산하고 말았다.

우리가 잘 알고 있는 핸드폰 세계 1위의 노키아는 어떤가? 피쳐폰으로 세상을 주름잡았지만 스마트폰이 나올 시기를 예상하지 못하고, 변화를 위해 새로운 생각과 시각을 놓쳐 다른 회사에게 밀려나 현재는 작은 기업으로 전락하고 말았다. 피쳐폰의 절대적 우위를 과신하다가 새로이 다가오는 스마트폰 시장에 대한 연구와 개발에 대한 노력을 하지 못한 결과이다.

지금의 최고 자리는 늘 최고 자리가 아니다. 변화를 머뭇거리는 순간 성장은 멈추고 쇠퇴하기 시작한다. 기업들은 '현상유지를 목표로 하는 순간 썩기 시작한다.'고 말한다. 성장을 목표로 해도 현상만 유지하는 것이 기업 세계의 혹독한 현실이기 때문이다.

그렇다면 과연 우리가 일하는 사회복지 현장은 어떠한가? 사회복지 현장도 점점 더 복잡해지는 사회현상에 맞추어 끊임없이 새로운 실천기술과 사회복지 현장에 대한 성찰과 노력이 필요하다. 일반 기업들과 상황이 별반 다르지 않다.

사회복지 현장의 그러한 상황과 더불어 개인적인 측면도 마찬가지라고 생각된다. 개인이든 조직이든 '목표'를 세우고 적극적으로 변화해 갈 때 지속적인 성장을 할 수 있다. 목적의식이 없는 사람은 성장 가능성이 낮다. 개인적으로는 목적의식을 가지고 사회복지인으로서 자신을 변화시켜가는 노력이 필요하다. 사회복지 조직도 사회복지 현장의 변화에 따라 구성원들이 변화할 수 있는 환경을 만들어 가야 한다. 조직 자체에도 새로운 시각으로 변화에 대응할 수 있는 움직임이 있어야 한다. 모든 만물은 흐르는 물처럼 끊임없이 움직이는 유기체 본질을 가지고 있다. 그 본질에 충실할 때 충실한 일생이 기다려지고, 사회복지 실천가로 충실한 삶을 살아갈 수 있을 것이다.

   4차 산업혁명시대 사회복지 실천가로 리모델링 하기

시간과 노력이 필요하다

지난해 새로운 운동을 해볼까 하는 생각을 하고 있을 때 지인에게 배드민턴을 해보자는 권고를 받고 배드민턴을 시작했다. 배드민턴이라면 조금은 쉽게 시작할 수 있지 않을까? 하는 생각도 들었다. 그런데 클럽 첫날부터 회원들이 함께 연습해주지 않았다. 그나마 지인이 있어 조금씩 운동을 할 수 있었다. 지인의 말이 내가 초보자라 재미도 없고, 운동도 안 돼서 함께 해주지 않는다는 것이다. 그래서 레슨을 시작했다. 동우회 선배들과 함께 어울리기 위해서는 내가 어느 정도는 칠 수 있는 능력이 되어야 하기 때문이었다. 그렇게 열심히 레슨을 받으면서 조금씩 게임에도 참여하며 실력을 쌓아가고 있었다. 그리고 1년이 지난 어느 날, 게임을 하다가 내가 배우고 훈련한 수준을 뛰어넘는 점프 스매시를 시도하다가 착지 중 발이 골절됐다.

어쩌면 당연한 것인지 모른다. 우리는 많은 순간 한 번에 혹은 짧은 순간에 무엇인가 얻으려고 생각하곤 한다. 다시 말해서 자신이 공들인 시간과 노력에 비해 더 많은 결과물을 기대한다는 것이다. 그래서 공들인 시간보다 더 큰 능력을 발휘할 수 있을 것처럼 행동하게 되고 그로 인한 나쁜 결과가 자신을 상하게 하기도 한다.

경제법칙은 단순하다. 결과는 시간과 노력에 비례한다는 것이다. 세상에서 시간과 노력의 투자 없이 얻어지는 것은 하나도 없다. 그럼에도 불구하고 우리는 너무나도 쉽게 그 사실을 망각하고 내가 노력한 것보다 더 많은 것을 얻기를 바라고 있다.

새해가 시작되면 많은 사람들이 막연하게 새해의 소원을 이야기하거나 구체적인 계획을 세운다. 예를 들면 건강과 관련한 다이어트의 시작, 몸짱 만들기 계획, 학습계획, 사업계획 등 많을 것이다. 그런데 그러한 것들이 작심삼일作心三日이 되거나 한두 달 후 흐지부지되는 경우가 많다. 왜 그럴까?

개인적인 생각에는 의지도 중요하지만 지속적인 시간과 노력을 투자하지 않았기 때문이라 생각된다. 지속적인 시간과 노력의 투자라는 것은 실천이다. 매 순간 우리는 시간과 노력을 최선을 다해 투자하는 선택을 해야 한다.

눈앞의 이익보다 큰 것을 보라

프로그램이나 사업을 추진하다 보면 여러 가지 문제가 발생하고 변수도 많다. 그중에 하나가 예산도 부족하고 할 일이 많다 보니 눈앞에 있는 일에만 신경 쓰는 것이다. 우리들의 시각이 좁아지는 것이다. 그래서 프로그램이나 사업 전체를 바라보지 못하는 실수를 하게 된다.

어쩌면 지금 수행해야 할 것에 관심을 쏟다 보니 더 큰 그림을 보지 못하는 것은 당연할지도 모른다. 그러나 조금만 생각하고 쉬어가면 좀 더 먼 내일이 보이고 좀 더 큰 것들이 보이기 시작한다. 지금 당장 하고자 하는 프로그램을 성공시키기 위해 우리가 놓치는 것이 없는지 되돌아보아야 한다.

나의 평소 소신 중에 하나가 '배워서 남 주자.'는 것이다. 그런 생각으로 작은 학습모임을 만들고 내가 할 수 있는 것은 내가 스스로 하며, 하지 못하는 것은 내 비용을 들여서라도 선배들을 모셔 회원들에게 배움의 기회를 만들어 왔다.

그런데 가끔은 나에게도 이곳저곳에서 현장 전문가로서 좋은 이야기나 강의를 해달라는 요청을 받을 때가 있었고 그럴 때마다 선배님들이 내게 베풀었던 것을 기억하며 나 또한 나의 재능이 필요한 곳이 있다면 기꺼이 재능 기부를 했다. 그렇기 때문에 특강 요청이나 자문 요청이 오면 비용 따위는 크게 신경 쓰지 않고 참여하고 있었다.

그러던 어느 날 특강 요청을 받았다. 그런데 담당자의 말이 "예산이 부족해서 강사료를 많이 드리지 못해서 죄송해요."라고 말하며 강의를 요청했었다. 다행히 같은 지역이기 때문에 "비용은 주지 않으셔도 좋습니다."라고 말했다. 소위 돈 안 되는 실천 활동이다. 솔직한 마음으로 괜한 부담을 주는 것보다 재능 봉사하는 것이 더 마음이 편하기도 하다. 그런데 그러한 나의 말이 준비하는 분들에게는 큰 힘이 되는가 보다. 그것이 인연이 되어 또 다른 기회가 생기고 더 큰 좋은 결과가 나에게 생겼다.

내가 그렇게 의도하고 한 것은 아니지만 경제적 의미로 보면 한 번의 무료 강의가 홍보기회였던 것이다. 기업들은 자신의 가치나 상품을 더 알리고 판매를 더 늘리기 위해 샘플 상품을 보급하기도 하고, 시음회, 시식회, 시승식 등 상품에 대해 사용할 기회를 갖는다. 그것이 당장은 손해일지 모르지만 미래에 더 큰 경제적 가치를 가져다주기 때문이다.

후배들에게 수시로 당부하는 것 중에 '각 부서의 일도 중요하지만 다른 부서의 협력자가 되는 것도 중요하며, 나의 업무도 중요하지만, 옆에 있는 동료의 업무에 협력하는 것도 중요하다. 그렇기 때문에 수시로 옆 사람의 업무에도 관심을 두고 때에 따라서 내 일보다 앞서서 서로 잘 챙겨주라'고 당부한다. 또한 장애인이든 노인이든 민원이 있다면 내 일이 아니어도 먼저 다가가서 "무슨 일로 오셨어요?", "제 담당은 아니지만 무엇을 도와드릴까요?"라고 적극적으로 대하라고 당부한다. 나는 좀 수고스러울 수 있지만, 상대방은 얼마나 마음이 편하고 가벼워질까 생각하면 기꺼이 수고를 아끼지 않아야 한다.

이러한 수고와 애쓰는 것이 당장은 자신의 손해가 되고 타인의 이익을 위해 일하는 것처럼 보여도, 긴 안목에서 보면 그 수고와 애쓰는 것에 감사를 느낀 사람들이 자신에게 되돌아와 큰 힘이 된다는 것이다. 당장 내 앞에 있는 이익을 위해 일하고, 타인의 애쓰는 것을 모르는 척하는 것은 작은 것을 추구하다가 큰 것을 잃어버리게 되는 것이다.

우리 인생으로 보면 눈앞에 있는 당장의 소득보다는 긴 안목으로 준비하는 사람이 행복한 내일을 맞이하게 되는 것이다.

쉽지 않은 선택이 될 것이다. 경제적 가치로 보면 당장에 손해 보는 것일지 모른다. 그러나 새로운 시각으로 본다면 인생에 덕을 쌓는 일이며, 장기적으로는 큰 보람이나 경제적 이익으로 돌아오는 지혜로운 실천이 될 것이다.

 4차 산업혁명시대 사회복지 실천가로 리모델링 하기

행복하기 위한 경제원리를 찾아라

'행복'은 누구나 바라는 보편적인 소망이라고 할 수 있다. 이에 따라 사람들은 행복해지기 위해 애쓰고 노력하고 있다. 그런데 사람들은 삶의 행복이 '돈'과 관련 있다고 생각한다. 그러나 통계를 보면 꼭 그런 것만은 아니다.

2016년 UN에서 선정하는 '세계 행복 보고서'에 따르면 가장 행복한 나라는 덴마크라고 한다. 그리고 스위스, 노르웨이, 핀란드, 캐나다 등이 상위에 선정되었다. 이들 나라는 국민소득이 높다. 소위 돈이 있는 나라다.

그러나 꼭 부자 국가가 행복한 것은 아니다. 프랑스32위, 스페인37위, 이탈리아50위, 일본53위, 대한민국57위 등 그 밖에도 세계적으로 부유한 국가라고 생각하는 나라 중 순위가 높지 않은 국가도 많다. 심지어 코스타리카14위, 푸에르토리코14위, 칠레24위, 체코[27위], 몰타[30위]가 앞서 언급한 국가들보다 경제적으로 더 부유하지 않음에도 불구하고 더 행복한 것으로 조사되었다. 또한, 인구 12억의 인도[118위]는 인구 75만 명의 부탄[84위]보다 낮다.

국가의 행복도 그렇지만 우리들의 삶도 마찬가지가 아닌가 생각된다. 행복이라는 것은 단순히 금전으로 환산할 수 있는 것은 아니다. 옛말에 "송사 많은 부자 놈들보다, 우애 많은 가난뱅이가 낫다."는 속담이 있듯이 한 달에 고작 최저임금을 약간 넘는 수입을 가지고도 행복할 수 있다. 왜냐하면 행복을 찾는 경제원리가 다르기 때문이다.

경제학적으로 보면 최소비용으로 최대효과를 보면 가장 합리적이고 효과적인 만족을 얻었다고 말한다. 그러나 행복이라는 것은 각자 가지고 있는 조건에 따라 달라질 수 있다.

'돈=행복'이라는 기본 원리를 가지고는 아무리 노력해도 만족하지 못한다. 1억을 가지면 2억을 가지고 싶고, 2억을 가지면 3억을 갖고 싶다. 또 3억 원을 가지면 행복할까? 억만금을 가졌다면 행복할 수 있을까?

나는 '행복=?'이라는 고민 속에 우리들 각자는 가장 나에게 맞는 행복의 경제원리를 찾아야 한다고 생각한다. 어떤 사람은 기대치를 낮추면 행복도 크다고 한다. 인식의 변화에 따라 우리 일상의 모든 상황이 행복한 상태가 될 수도 있으며, 불행한 상태가 될 수도 있다는 것이다.

 4차 산업혁명시대 사회복지 실천가로 리모델링 하기

가끔 TV를 보면 산속에서 삶의 행복을 찾는 사람들이 방송되곤 하는데, 한결같이 너무 행복한 모습이다. 집도 허술해 보이며, 먹을 것, 입을 것도 부족해 보인다. 혼자서 생활하다 보면 외롭고 쓸쓸함도 있을 것이다. 그럼에도 불구하고 한결같이 행복하다고 한다.

현대사회의 발전한 문화적 혜택을 받는 것만이 행복한 것은 아니라는 교훈을 준다. 물론 어떤 이들은 구차하게 그렇게 살고 싶지 않다고 생각할 수도 있다. 우리 사회에는 너무나 다른 많은 삶들이 있다. 나와 다른 삶이다. 그 삶을 비난해서는 안 된다. 최소한 나와 다른 차이를 인정하고 존중해야 한다.

그렇다면 우리는 이제 어떤 선택을 해야 하는가? 물음표에 해당하는 나만의 것이 무엇이 있을까 찾아야 한다.

나의 행복의 가치는 무엇일까? 타인과 비교하기보다는 다름을 인정하며 현재의 나의 상황에 감사하려는 삶, 내가 선택한 길에 아쉬움도 있지만 내가 선택한 그 속에서 즐거움을 찾기 위한 원칙을 찾아보는 노력을 하는 것은 어떤가?

다른 사람들과 생각의 폭을 좁히기 위한 끊임없는 대화를 하고, 공동이 가치를 만들어가기 위한 활동도 하며 사회적 합의를 통해 함께 행복할 수 있는 방법을 찾는 것은 어떤가?

수없이 많은 선택의 길 위에서 내가 찾은 행복의 원리를 삶의 경제원리로 적용하고 실천하는 것이 바로 지금 우리가 행복할 수 있는 가장 단순하고 합리적인 원리가 아닐까 생각해 본다. 직장생활이라는 것도 마찬가지라고 생각된다. 지금 내가 처한 환경 속에서 소소한 행복을 찾아보는 것은 어떤가?

사회복지 현장을 지키면서도 늘 고민하는 것이 그 기준점을 찾는 것이다. 수없이 많은 선택의 길 위에서 내가 가진 삶의 경제 원리를 적용하고 실천하기 위해 애쓰고 있다. 다른 사람들과 생각의 폭을 좁히기 위한 끊임없는 대화를 하고, 공동이 가치를 만들어가기 위한 활동도 하며 사회적 합의를 통해 함께 행복할 수 있는 방법도 찾아보고 있다.

어찌 보면 누구나 하는 그것을 한다. 최소한 내 직업생활의 마지막이나 삶의 마지막에 후회 없는 삶을 살기 위한 나만의 원리를 찾는 과정이다.

네잎클로버의 꽃말이 행운이라고 한다. 세잎클로버의 꽃말은 행복이라고 한다. 어쩌면 우리는 행운이라는 네잎클로버를 찾기 위해 애쓰느라 정작 옆에 있는 행복이라는 세잎클로버를 잊고 있는 것은 아닌지 생각해 보아야 할 때이다. 행복은 어쩌면 우리들 곁에 있는지 모른다.

게으르지 마라

삶을 살다 보면 매 순간 열정을 가지고 생활하기 어렵다. 매일 반복되는 일상 속에서 지치고 힘들어지면 열정은 사라지기 마련이다. 그럴 때마다 새로운 활력을 찾아 우리는 새로운 전환을 모색해야 한다,

그런데 어떤 사람은 이처럼 열정이 식어가는 상황이 아니라 습관처럼 게으른 사람들이 있다. 한 개인의 게으름이라는 것은 전염성이 있어 주변을 오염시킨다. 그리고 그것이 전체 조직의 게으름으로 퍼지면, 그 순간 조직의 운명은 쇠퇴하게 된다.

실천현장에서 사업을 진행하다 보면 직원마다 성격이 다르다. 업무지시가 있으면 바로 실행하는 사람이 있는가 하면, 한 번 지시하면 "네, 알겠습니다."라고 말을 하지만 실천으로 옮겨지지 않는 사람이 있다. 재차 지시가 있어도 할 듯 말 듯 늘어지며 업무관련자

의 애를 태우는 경우가 허다하다.

어느 날 사무실 문이 고장 나서 시설팀에 수리를 요청했다고 한다. 시설팀 담당자는 곧 수리를 해주겠노라 말했다. 그런데 하루가 가도 고쳐지지 않았다. 그리고 사무실에서는 다시 수리를 요청했다. 그런데도 고쳐지지 않고 이틀이 지나자 사무실 직원은 고쳐지지 않는 문이 시설팀에 의해 고쳐지는 것을 기다리거나 다시 요청하는 스트레스를 받느니 차라리 힘들고 잘못하더라도 본인들이 하겠다고 장비를 찾아 나섰다. 그 상황을 지켜보던 시설팀 직원이 그제서야 본인이 해주겠노라 나섰지만 이미 사무실 직원들은 마음이 상해서 다시 부탁하지 않았다.

좀 더 일찍 서둘러 주었다면 직원 간에 더 원만한 직장생활을 이어갔을 텐데 그렇지 못한 관계가 되었다. 이런 일은 직원 간 갈등 상황으로 이어진다. 이런 일이 아마도 우리 주변에 흔히 볼 수 있는 장면일 것이다.

게으름은 확실히 좋지 않은 습관이다. 직장생활을 하면서 이 게으름은 개인의 성장을 방해하고 종국에는 모든 사업에서 실패하는 원인으로 작용하기도 한다. 또 개인의 실패를 넘어 조직의 실패로 이어지는 것은 당연한 수순이다.

사회복지를 실천하는 후배들에게 조언하자면 절대로 게으르지 말라는 것이다. 아침 출근부터 업무수행 중에도 맡은 바 일은 정해진 기일에 맞추어 미루지 말라. 본인이 해야 할 것을 다른 사람이나 하급자에게 떠넘기지 마라.

말로만 "알았습니다." 하지 말고 실천으로 옮기는 사람이 되라. 정말 일이 많아서 당장에 하지 못할 때는 미리 언제까지 해도 되는지 묻고 그 기일을 지켜라. 그것이 신뢰를 쌓아가는 지름길이다.

게으름을 극복하는 것은 자기 자신과의 싸움이다. 아침에 1, 2분 늦는 것은 조금만 더 일찍 일어나야 함을 알면서도 실천에 옮기지 못하는 자신의 의지와의 싸움이다. 지시한 사항이나 협조사항에 대해 "알겠다."고 말했으면 먼저 서둘러라. 작은 일이니까 조금 있다 하거나, 좀 미루어 놓고 하겠다는 생각에서 벗어나서 할 수 있는 시간에 꼼꼼하게 실천해야 한다.

자신을 지금 현재에서 돋보이게 하고, 타 부서와 협력을 기본으로 신뢰감을 쌓아가는 것은 지금 내가 실천하고자 하는 모든 것에 게으르지 않고 행하는 것이다.

게으르지 않고 부지런하게 실천하는 것을 사회복지 실천 행동의 습관처럼 몸에 익혀라. 그것이 삶의 실천 원칙이다. 스스로에게 떳떳해질 만큼 부지런하고 성실하게 끊임없이 노력하라.

사회복지에 빅데이터를 활용하라

미래학자인 앨빈 토플러Albin Toppler는 『제3의 물결The Third Wave』을 통해 제1의 물결을 농업혁명, 제2의 물결을 산업혁명, 제3의 물결을 정보화 사회로 칭하고 있다. 특히, 이 정보화의 물결은 PC세대에서 스마트시대로까지 발전하고 있으며 최근에는 데이터의 생성 속도Velocity나 양volume, 형태의 다양성Variety 등이 기존 데이터에 비해 너무 크기 때문에 종래의 방법으로는 수집, 저장, 검색이 어려운 빅데이터Big Data의 시대에 살고 있다고 설명한다.

빅데이터Big Data란 디지털 환경에서 생성되는 데이터로 그 규모가 방대하고, 생성 주기도 짧다. 형태에 있어서도 수치 데이터뿐만 아니라 문자나 영상 데이터를 포함하는 대규모 데이터를 말한다. 우리 사회는 이미 디지털 경제가 확산되어 있으며, 규모를 가늠할 수 없을 정도로 많은 정보와 데이터가 생산되는 '빅데이터' 환경 속에 살아가고 있는 것이다.

빅데이터에 대해 미래 경쟁력을 좌우하는 핵심 자원으로 판단하고 정확한 이해와 효과적인 활용방안에 대해 다양한 분야에서 고민하고 있다.

빅데이터 활용의 선두주자는 누가 뭐래도 기업이다. 기업들은 보유하고 있는 고객 데이터를 활용해 마케팅 활동을 활성화하는 고객관계관리CRM 활동을 1990년대부터 시작했다. 특히 검색과 전자상거래 기업은 방대한 데이터를 분석해 구매 이력을 통한 제품 홍보를 하고 있으며 위치기반 서비스GPS 결합을 통한 다양한 마케팅 활동을 하고 있다. 최근에는 공공부문에서도 빅데이터를 활용해 탈세나 공공정책수립에 활용하기도 한다.

사회복지 분야에서 정보기술의 적용은 아직 부족하다. 이것은 사회복지서비스가 인간을 원료로 하는 독특한 특성을 가지고 있기 때문이다. 또한 클라이언트의 정보 집적과 보호, 그리고 결정권으로 인해 민간 기업에 비해 상대적으로 늦는 경향이 있다. 그러나 최근 들어 사회복지 분야에서도 정보통신기술과 인터넷 발진에 따라 정보 기술을 활용하여 맞춤형 서비스 개발이 시도되고 있다.

예를 들어 A지역에서 노인들의 욕구에 부합하는 프로그램 개발을 위해 노인복지관을 이용하는 노인들의 지난 10년간 프로그램 이용 성향을 분석해서 어떤 프로그램을 좋아하는지, 어느 시간에 가장 많이 방문하는지 등을 분석하여 프로그램을 개발하였다. 또 B고등학교에서는 학교폭력 근절을 위해 가해학생이나 피해학생의 진술 내용을 검토하여 폭력 유형, 시간대, 장소 등을 분석하여 예방프로그램을 개발하는 노력이 이루어지고 있다.

 4차 산업혁명시대 사회복지 실천가로 리모델링 하기

그밖에도 요즘은 기존 자료 외에도 페이스북이나 트위터 등 소셜미디어를 통해 개인의 의견이나 선호사항, 행동정보가 많이 노출되고 있다. 이러한 정보를 잘 활용한다면 다양한 사항에 대한 분석을 할 수 있을 것이다. 사회복지 분야에서 이렇게 분석된 자료들을 잘 활용한다면 더 다양한 프로그램을 개발하고 이용자에게 서비스를 제공할 수 있을 것이다.

실제로 얼마 전 SNS를 통해 자살을 예고했던 청소년이 긴급하게 출동한 경찰에게 구조된 사례가 있다. 또한, 재가복지대상자에 대한 후원자 모집과 자원봉사자 모집 및 배치 등도 인터넷 공간에서 활용되고 있다. 이처럼 동시 다발적으로 생성되는 많은 정보들을 수집하고 분석한다면 더 많은 사회복지의 취약계층에 대한 예방활동도 가능할 것으로 생각한다.

사회복지 분야의 경우 아직 빅데이터에 대한 활용의 이해가 타 분야에 비해 낮은 것이 사실이다. 이제는 사회복지 분야에 종사하는 전문가들도 증가하는 정보 속에서 사회복지에 관련된 흩어진 정보에 대해 조금 더 관심을 두어야 한다. 그리고 기술적인 분석에 관심을 두고 학습한다면 지금보다 더 많은 정보를 찾아내고 활용할 수 있을 것이다.

사회복지 전문가들이 이런 것도 해야만 할까? 하고 의문이 드는 사람이 있다면 최소한 기술적인 것은 더 전문가에게 맡기더라고 빅데이터를 활용하면 더 다양한 것들을 찾아낼 수 있겠다는 인식의 전환이라도 가져야 한다.

무엇보다 빅데이터는 사회복지 분야에서 사회문제의 본질과 근본적인 문제점을 파악하여 우리 사회에 산적해 있는 일자리 문제, 자살문제, 사회범죄, 재난재해, 저출산 고령화 등 수많은 사회현안을 해결할 수 있을 것으로 생각한다. 실천적인 면에서 사회복지가 기존에 수급권자의 요청에 따른 정보제공과 서비스 제공의 소극적인 대처에서 보다 양과 질을 높인 서비스로의 향상을 기대할 수 있을 것으로 생각한다.

다만 데이터 수집과 분석 과정에서 개인정보가 보호되는 자료 반영이 빅데이터 인프라 구축에 매우 중요하다는 점도 기억하자. 이러한 점은 현재 사회복지뿐만 아니라 모든 영역에서 필요하다. 빅데이터 활용에 대한 가이드라인은 필요하다. 항상 조심스럽게 다루어야 할 문제이다.

다만 사회복지 분야의 전문가들도 사회복지를 좀 더 넓게 보기 위해서 빅데이터를 활용하는 관점의 전환이 필요하다.

03 CHAPTER

사회복지 현장은 냉혹한 현실이다

변화를 두려워하지 마라

사회복지를 실천하다 보면 때로는 많은 변화가 일어난다. 사회복지 현장은 어떤 의미에서는 전혀 모르던 사람들이 모여 조직된 2차 집단이다. 그리고 개인적으로는 나의 비전을 실현하고 보람을 느끼는 공간이기도 하지만 또 다른 측면에서는 생활을 위한 생업 전선이기도 하다.

어떤 분야든 2차 집단은 많은 환경과 접하고 역동적으로 움직이면서 변화를 겪게 된다. 조직 전체가 변화를 겪기도 하고, 개인적 측면에서도 변화를 겪는다. 조직의 전체적인 측면에서는 조직이 확대되기도 하고, 파산하기도 하며, 개인적 측면에서는 승진과 전보, 면직되기도 한다.

개인적으로 나에게도 많은 우여곡절이 있었다. 처음으로 직장을 선택했던 순간도 고민이었으며, 경력이 쌓이고 소진이 오면서 새로운 직장으로 이직도 고민했다. 그러면서도 현재의 직장에서 계속 근무하면서, 승진도 하고 팀을 맡아 이끌기도 했다. 이러한 감정과 조직에서의 나의 위치의 변화는 조직의 구성원으로서 누구나 경험하는 변화들이다.

기관장으로 일하며 한번은 각 부서에 인사이동을 시행한 적이 있다. 각 팀의 부서장들은 부서의 비전을 준비하고 팀장으로서 변화를 이끌기 위해 분주히 움직이고 고민하며, 작은 자리배치부터 큰 사업계획까지 정신없이 준비해야 했다. 이러한 와중에 A부서장의 구성원이 사직을 하겠다고 했다. A부서장은 그 이유가 부서장이 된 후 자신의 통솔력이 부족해서 그랬다고 자책하며 고민했다.

나는 A부서장에게 어떤 조직이든 변화와 함께 갈등도 동반될 수 있고, 인사이동과 업무 재배지 과정에서 혼란과 갈등도 발생할 수 있으며 그 과정에서 발생하는 모든 것은 A부서장 탓이 아니라고 이야기했다.

무엇인가 변화하는 과정 속에는 뜻하지 않은 결과들도 있는 것이다. 그러한 결과 때문에 변화를 두려워해서는 안 되는 것이다.

변화란 양적 변화와 질적 변화를 나누어 생각할 수 있다. 일반적으로 전자의 양적변화를 '진화'라는 개념으로 후자의 질적 변화를 '혁명'이라는 개념으로 말할 수 있다. 그런데 그 변화의 원인은 사물의 내부에 존재한다.

다시 말해서 갈등도 혼란함도, 퇴직하고자 하는 마음도 내부에

　　　4차 산업혁명시대 사회복지 실천가로 리모델링 하기

존재한다는 것이다. 직원의 퇴직은 가깝게는 개인 내부에 존재하는 것이며, 좀 더 넓히면 조직 내부에 존재한다고 할 수 있다. 어느 특정인의 영향 때문에 변화되는 것은 아니라는 것이다.

사회복지 조직은 아직 많은 어려움이 있는 조직이다. 업무생활과 관련지어서는 급여도 많지 않고, 업무량은 많다. 많은 사회복지 종사자가 이러한 어려움을 겪고 있으며, 본인은 물론 동료, 조직문화 등이 어울려 잘 극복해 가고 있는 과정인 것이다.

사회복지 현장이 매우 인간적이고 따뜻한 조직문화와 인간관계를 기본으로 하고 있다고 하지만 사회복지 실천을 위한 서비스 기관으로서 한편으로는 개인과 조직이 어쩔 수 없는 경직성도 가지고 있다. 다시 말해서 급여의 기준이나 업무수행을 위한 정원규정은 정부의 가이드라인이나 지자체 지도에 따를 수밖에 없다는 것이다.

A부서장의 팀원은 개인적으로 서비스를 받는 어르신들의 건강상의 어려움, 그리고 업무 중 개인적인 부적응과 서비스 대상자에게서 받은 스트레스가 소진의 원인이었다. 급여의 수준과 업무량도 이직을 결정하게 된 이유였다. 알뜰살뜰 팀원을 살피지 못한 부서장의 리더십이 전혀 무관하다고 할 수 없으나 자책할 수준은 아니라고 생각했다.

사회복지 현장은 냉혹한 현실이다. 그 현실을 잘 극복하는 사회복지 종사자는 정년을 맞이할 것이지만 그렇지 않은 사람들은 동종의 새로운 직장을 찾거나 또 다른 새로운 직업을 찾아가게 될 것이다. 개인적으로 이러한 변화를 모색하는 것은 당연한 이치이다.

나는 A부서장이든 이직을 결정하는 팀원이든 변화를 두려워하지 않기를 바란다. 오히려 그러한 변화를 선택했다면 그 변화가 개인이 성장하는 기회로 만들어가고 조직이 성장하는 기회로 담대하게 새로움을 맞이했으면 좋겠다. 변화를 두려워하는 것은 사회복지 실천 현장에서 사회복지 전문가로서 살아가는데 큰 걸림돌이 될 수 있다. 아마도 그것은 개인의 삶에 있어서도 마찬가지가 아닐까 생각된다.

사회복지 현장이 삶의 한 측면으로 보면 냉혹한 현실일 수 있다. 그러한 현실을 대처하는 방법은 담대하게 맞서는 방법이 최선이다. 회피한다고 해서 현실을 벗어날 수 있는 것은 아니다. 때에 따라서는 오히려 변화를 적극적으로 시도함으로써 개인의 삶의 질과 조직의 성장도 있을 수 있다.

변화를 두려워하지 않는 사회복지인, 변화를 당당하게 맞이할 수 있는 사회복지인! 그것이 우리가 처한 냉혹한 현실을 극복하는 방법이다.

  4차 산업혁명시대 사회복지 실천가로 리모델링 하기

전략적 변곡점을 잘 인식하라

변곡점SIP, Strategic Inflection Point이란 곡선이 오목에서 볼록으로 바뀌거나 그 반대가 되는 지점을 의미한다. 일반적으로 기업의 흥망성쇠를 판가름하는 중요한 순간을 '변곡점'이란 개념으로 설명하곤 한다. 이러한 변곡점의 시기에 선택을 잘해서 세계적으로 유명해진 사람이 있는데 그가 앤디 그로브Andy Grove이다. 앤디 그로브는 1936년 9월 2일 헝가리에게 태어났으며, 1997년에는 타임지의 올해의 인물로 선정되기도 했다. 1997년 3월부터 1998년까지 인텔의 최고경영자CEO로서 인텔을 세계적인 기업으로 도약시킨 훌륭한 경영자이다. 그가 바로 '전략적 변곡점SIP'이라는 개념을 최초로 제시한 인물이다. 이 전략적 변곡점이 인텔을 세계적인 기업으로 성장시킨 경험에 토대를 둔 개념이다.

나는 개인에게 있어서도 변곡점의 시기가 있다고 생각한다. 당시

앤디 그로브는 인텔이 메모리 반도체를 만들어 잘나가던 시기이면서 동시에 일본 기업들의 저가 공세로 휘청거릴 때, 메모리 중심의 사업에서 벗어나서 비메모리, 즉 마이크로프로세서 사업으로 전환하는 모험을 시도했다.

그 결과 앤디 그로브는 인텔을 세계적인 기업으로 도약시켰다. 이것처럼 시장에서의 경쟁 우위 전략과 기업의 핵심 역량이 불일치할 때, 소비자와 시대가 요구하는 기준과 기업의 핵심 역량이 맞아 떨어지지 않을 때, 그때가 바로 전략적 변곡점의 시기라고 할 수 있다.

사회복지사가 현장에서 일할 때, 또는 더 넓게 확장하여 개인의 삶에서도 이러한 전략적 변곡점의 시기가 올 수 있으며, 그때 우리는 우리의 핵심 역량을 집중해야 할 선택의 기로에 놓이게 된다, 이럴 때 우리는 무엇을 기준으로 중심을 잡아야 할까? 그리고 다른 의미에서 우리가 자신의 가치를 실현하고 인생의 목표를 성취하기 위해 사회복지 현장에 잘 살아남기 위해서, 그러한 변곡점의 시기에 선택을 잘하기 위해서는 어떠한 준비를 하여야 하는가 생각해 보자.

나는 그러한 변곡점을 잘 인식하는 것은 물론, 그 변화 속에서도 삶의 현장을 유지하기 위해서는 끊임없이 자신을 단련하고 관계를 잘 형성하고 있어야 한다고 생각한다. 끊임없이 자신을 단련한다는 것은 그 분야에 대한 전문성을 이야기하는 것이고, 관계를 잘 형성해야 한다는 것은 다양한 분야의 네트워크와 긍정적인 소통을 해야 한다는 것이다. 그렇다면 어떠한 변화가 와도 자신의 가치를 지키고 삶의 현장에서도 잘 살아갈 수 있다.

그러나 그에 앞서 그러한 변곡점을 잘 인식하는 것이 중요하다. 사회복지 현장의 기술적 변화와 정치적 변화, 그리고 인적변화와 관련된 전반적인 정보의 흐름에 대해 민감성을 지녀야 한다는 것이다. 포기할 것과 선택할 것에 대한 냉정한 판단과 실행하는 결단력이 요구된다는 것이다.

그렇다면 결론은 우리가 지금부터라도 조직에서든 개인의 삶에서든 간에 변곡점이 언제 도래할지, 그리고 준비는 되어 있는지 다시 한 번 점검해야 할 필요성이 있다는 것이다. 그것을 통해서 삶의 현장에서 생존하고 더 나아가 그 이상의 목표에 도달하기 위한 우리의 노력들은 지금 이 순간부터 달라져야 하는 것이다. 우리의 삶의 프로세서도 그러한 변화를 잘 인식하고, 그 변화를 잘 이용하면서 즐기는 생활로 변화할 준비를 해야 한다. 우리는 새로운 것을 배워 능력을 향상시키고, 개방된 마음과 성장을 위한 다양한 노력들을 통해 진화되어야 하는데, 나는 사람 사는 세상에서, 특히 사회복지 분야에서의 진화는 소통을 통한 관계개선이라 말하고 싶다.

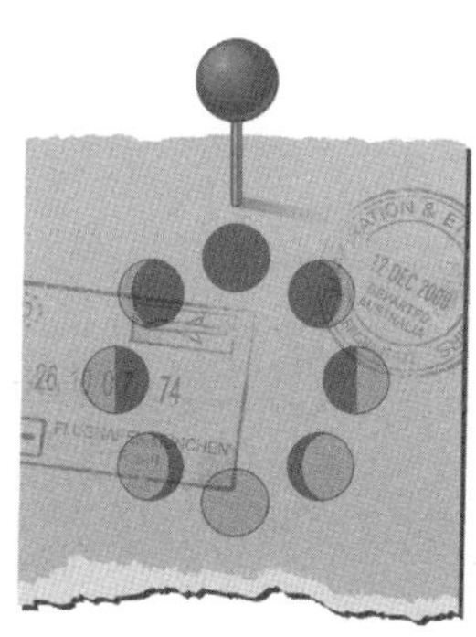

인공지능보다 위대한 인간의 본성을 깨워라

2016년 3월 방송에서 '기계와 인간의 역사적인 대결'이라는 제목으로 이세돌 9단과 구글 딥마인드Google DeepMind의 인공지능 바둑 프로그램 '알파고AlphaGo'와의 대국이 있었다. 그로인해 전 세계인들의 눈과 귀가 한국의 서울을 주목했었다. 이미 2015년 10월 알파고는 유럽 바둑 챔피언 판 후이Fan Hui 2단을 상대로 공식 대국에서 5번 모두 승리했으며, 이번 이세돌 9단과의 대국에서는 1패 4승으로 승리했다.

이러한 로봇인공지능의 출현은 우리가 알고 있듯이 이미 1995년 제레미 리프킨Jeremy Rifkin이 과학과 기술의 발전이 경제, 사회, 환경에 미치는 영향에 대한 광범위한 연구결과 발간한 『노동의 종말』에서 언급되었으며, 2016년 세계 각국의 경제 수뇌가 모여 세계경제 발전방안 등에 논의하는 '다보스 포럼'에서도 인공지능, 로봇,

사물인터넷, 무인자동차, 3D 프린팅 등 4차 산업혁명에 대한 이해가 필요하다는 제안을 했으며, '직업의 미래'라는 발표에서는 2020년까지 700만 개의 일자리가 사라지고, 200만 개의 일자리가 새로 생길 것이라고 했다.

이와 같이 인공지능은 우리 미래에 새로운 변화를 가져오기에 충분하다. 그러나 그러한 현상으로 인해 인공지능이 인간보다 뛰어나다고 할 수 있을까? 먼 훗날 어쩌면 인간처럼 사고하고 인지하는 인공지능이 나올지는 모르겠지만 아직까지 인공지능이 인간보다 뛰어나지 못하다. 인간이 더 위대하다고 생각한다.

우리 인간에게는 '메타인지'라는 것이 있어서 자신이 잘 이해하고 있는지를 점검 즉, 모니터링하고, 새로운 정보가 우리가 알고 있던 지식과 일치하는지, 그리고 문제를 해결하기 위해 어떤 추가적인 정보나 지식이 필요한지 등을 파악하는 독특한 프로세서가 있다.

인간은 훈련과 경험을 통해 배우고 성장하는 존재인 것이다. 그러나 인공지능은 입력된 수많은 사례를 순차적으로 검토하는 프로세서다. 입력되지 않은 것을 질문하거나 '아니오'라는 답을 하기 위해서는 자료를 검색하는 과정이 필요하며, 훈련과 경험을 통해 성장하는 존재가 아니라 경험된 것의 입력을 처리하는 존재라는 것이다.

무엇보다 인공지능이 인간보다 더 많은 것을 기억하고, 처리하고, 어쩌면 더 먼 미래에는 스스로 학습하는 인공지능이 되며, 무

엇이든 이기는 존재가 된다 할지라도 사랑과 소망을 품고, 친구의
아픈 마음을 가슴으로 공감해 줄 수는 없을 것이다. 어떤 사람은
인공지능이 인간의 감정까지 느끼게 된다고 말한다. 그러나 아직
은 아니다. 그러나 인간의 위대함이 영원할 것이라고는 생각하지
않는다.

　사회복지사는 아직까지 인공지능에 비해 위대함을 간직한 인
간이 그 위대함을 지켜갈 수 있도록 스스로를 자극하고 선택의
갈림길에서 인간의 위대함에 대한 선택을 멈추지 않는 것이다.
스스로는 물론 대상자에게도 인간이 가진 위대한 속성에 대해
긍정하고 지켜나간다면 우리는 사회복지사로서 더 오래 일할 수
있을 것이다.

　　　　4차 산업혁명시대 사회복지 실천가로 리모델링 하기

계약직일 때 정직원처럼 실천하라

사회복지 현장에 20여 년을 있다 보니 점차 계약직 사회복지사가 증가하는 현상을 느낀 적이 있다. 일반적으로 사회에서는 계약직을 줄이고 정규직을 늘리려는 정책을 실천하는 것으로 아는데, 왜 사회복지 분야에서는 계약직이 증가하고 있을까?

사회복지 분야가 미래가 불투명하고 정책적으로도 지속적인 사업으로 사회복지를 실천해야 할지 불투명하기 때문일지도 모른다. 반면에 사회복지 분야의 신규 취업자들의 잦은 이직률이 이러한 비정규직을 양산한다는 이견도 있다. 이것은 무슨 이야기인가 하면, 20대에 사회복지 현장에 처음 취업을 하는 후배님들이 사회복지 현장의 여러 어려움도 있겠지만, 사회복지 분야에 대한 취업을 자신의 마음속의 의지로 하는 것이 아니라 주변 환경에 내몰려 '묻지 마'식 취업을 하게 되고 결국 현장의 일들이 적성과 맞지 않아

조기 퇴직을 하는 경우가 많다는 것이다. 이러한 현상이 사회복지 분야에서도 인턴제나 비정규직 형태를 양산하는 방향으로 흐른다는 것이다.

요즈음 신규로 사회복지 현장에 도전하는 후배들을 볼 때면 때로는 이런 생각이 들 때도 있다. 후배들이 정해진 가벼운 업무만 수행하면 되는 일을 선택하는 것이 아닌가? 하는 생각이다.

누군가 이런 말을 했던 기억이 난다. 요즘 청년들은 회사의 취업도 스펙을 쌓기 위한 과정으로 여긴다는 것이다. 그래서 입사 전부터 적당한 시기를 보고 개인의 얻어야 할 것을 얻은 후에는 미련 없이 이직을 선택한다는 것이다. 어떤 측면에서는 정말 실용적이고 개인의 인생을 잘 계획하며 사회생활을 하는 것으로 볼 수도 있겠지만, 한편으로는 그런 생각으로 직장을 선택하는 청년들이 회사를 위해 진심으로 최선을 다하며 자신의 능력을 발휘하고 있을까? 아마도 그렇지 않을 가능성이 높다. 언제나 떠나갈 생각을 하고 있는 사람이 현재에 최선을 다할 수 있을까? 어쩌면 개인적으로 불안하고 불안정한 미래 때문에 어떻게 최선을 다할 수 있겠냐고 말하거나, 비정규직에게 정규직보다 많은 자율성이나 책임성을 요구하지 않는데 그렇게 할 필요가 있나요? 라고 말할 수 있을지도 모른다. 그러나 그 선택은 어쩌면 외부 요인이 아니라 자기 자신의 선택이라는 생각이 든다.

입사한 회사에서 대표까지 할 생각으로 모든 일을 한다면 하나에서 열까지 최선을 다하지 않을 수 없을 것이다. 그 일을 소명이라고 생각한다면 최선을 다하지 않을 수 없을 것이다.

물론 현재에도 정규직이 되었든지 그렇지 않든지 간에 최선을 다해 자신의 직무를 수행하는 사회복지사가 더 많을 것으로 생각된다. 그러나 사회복지 분야에서 비정규직으로 일하는 후배들 중 그렇지 않은 분들이 있다면 속된말이 될지 모르지만 '계약직일 때 정규직의 처세'로 모든 일에 최선을 다해주길 이야기하고 싶다.

대다수의 모든 조직이 아주 작은 일에서도 최선을 다하고 열정을 다하는 사람들을 기억하고 기회만 있다면 그러한 사람과 더 일하고 싶어 한다. 그리고 나와 일하지 못한다 할지라도 좋은 기회가 있다면 소개도 시켜주고 싶은 마음을 가지고 있다. 그러한 기회를 본인 스스로 놓지시 않기를 바라는 마음이다.

계약직으로 일하는 사람들 중에 회사에 대한 불만이 끊이지 않는 사람이 있는 반면에 선임자의 마음을 본받아 그러한 처세로 일하고, 기관의 운영 전반에 대해 눈으로 익히는 것을 습관화하고 계약직임에도 불구하고 자원을 발굴하고 적극적으로 노력하는 사람이 있다.

더 나아가 계약직으로 있다가 1년이 지나 다시 계약직에 도전하며, 스스로 기회의 문을 열기 위해 노력하는 사람이 있다. 나는 이런 사람이 스펙을 위해 일하는 후배들보다 몇 배는 더 마음이 간다. 실제로 직원을 선발할 때도 여러 곳을 짧은 시간에 두루 거

   4차 산업혁명시대 사회복지 실천가로 리모델링 하기

친 직원보다 2년 이상 한곳에서 일했던 사회복지사에게 더 신뢰가 간다.

　미래에 자신이 가져야 할 목표가 있다는 것은 정말 중요한 것이다. 그리고 자신의 내면의 소리에 따라 선택되는 많은 것들은 큰 의미가 있다. 그러나 확고한 믿음이 없이 스펙쌓기식 이직은 경계해야만 한다. 그리고 우리는 늘 선택의 순간을 맞이하게 되는데 그 선택의 순간에 선택을 자주 바꾸기보다는 '피에르 가르뎅'이 한 말처럼 어떤 선택이든 결정한 후에는 믿음을 가지고 나아가는 의지와 열정이 필요하지 않을까 생각된다.

자신을 위해 투자하라

현대사회는 평생교육의 사회이다. 끊임없는 배움 없이는 급변하는 사회를 제대로 읽을 수 없으며, 전문직들이 자신의 몸담고 있는 분야에서 적절하게 대응하는 능력을 기를 수 없다.

대부분의 사람들은 발전적인 자신의 삶을 꿈꾸고 있다. 반면에 그 꿈을 실현하기 위해서 무엇인가 하는 것에는 주저하곤 한다. 또한, 불확실한 미래에 대해 두려움을 가지고 있으면서도 미래에 대한 자신감을 가지기 위한 노력을 하는 것에는 머뭇거리곤 한다.

더글라스 맥아더가 웨스트포인트에서 고별 연설을 하면서 이런 말을 했다고 한다. "여러분은 믿는 만큼 젊어지고, 의심하는 만큼 늙습니다. 또한 자신감만큼 젊어지고 두려움만큼 늙습니다."

혹시 주변의 타인들이 성장하는 것을 보면서 부러워만 했던 기억이 있다면 그 성장이 자신의 것이라는 생각으로 지금 현재 다양한 변화를 위한 투자를 실천해야 한다.

우리나라 엔터테인먼트 중에 최고의 부를 창출한 SM 엔터테인먼트의 이수만 회장은 미래를 보고 보아BOA의 천부적인 재능에 투자를 했다. 과거를 회상하며 이수만 회장은 "보아가 없었으면 지금의 SM은 없었다."고 말한다. 그러나 이 모든 것은 어려운 경제 여건에도 보아에게 미래를 투자한 이수만 회장의 선택이었다. 그 투자가 더 나은 결과로 돌아온 것이다.

사회복지사들도 내부적으로 여러 가지 어려운 환경에 직면해 있다. 그럼에도 불구하고 미래의 변화에 대비하여 조금이라도 투자할 수 있을 때 투자해야만 한다. 나는 그 투자의 결과를 크게 느끼고 있다. 나 또한 아이 셋을 키우며 혼자벌이로 이 어려운 사회복지 환경에서 '생존'하고 있었다. 그러나 상황은 그리 나아지지 않을 듯했다. 그렇지만 자기계발이라는 측면도 있지만 이 어려운 상황에 변화를 주기 위해 나는 대학원에 진학해야겠다는 생각을 가지고 아내에게 이야기했다. 경제적으로 어려운 환경에서 아내는 선뜻 허락하는 것을 주저했다. 나는 융자를 받아서라도 진학해서 졸업 후에 갚아 가겠다고 했다.

그렇게 나는 대학원에 진학했고, 졸업하자마자 야간에 시간강사로 활동하며 모든 학자금을 상환했다. 학자금을 상환한 것도 기쁘지만, 그로 인해 나에게 돌아온 결과는 훨씬 더 컸다. 나의 사회적 관계망이 확장되고 자아 성취감도 높아졌으며, 그 후로 지속적인 강의 활동으로 경제적인 소득도 증가하였다. 만약에 내가 그때 나에 대한 투자를 머뭇거리고 실천하지 않았다면 이룰 수 없는 것들이 그때의 그 선택으로 변화한 것이다. 지금도 나는 끊임없이 학습하고 있는 중이다. 그 소중한 경험이 세상을 보는 인식을 바꾸어 주었으며, 나 자신의 성장을 위한 기반이 되었다는 것에 주저하지 않는다.

후배들에게 말하고 싶은 것은 "여러분이 지금 꾸고 있는 꿈이 있다면 그것은 여러분의 미래가 될 것입니다. 다만, 지금 여러분이 해야 할 것은 그 꿈을 위한 실천입니다."

실천하는 만큼 성장한다는 생각으로 자신을 위한 투자에 주저하지 않는 사회복지사가 되어주길 바란다.

 4차 산업혁명시대 사회복지 실천가로 리모델링 하기

융통성 있게 실천하라

나는 예전에 일반적으로 사람들이 이야기할 때 주변머리가 없는 편이었다. 누군가에게 아쉬운 소리하기 어려워하고 또 다른 사람들의 어려움에 대해 크게 신경 쓰지 못했다. 사회복지를 학습하면서 나와 다른 타인에 대해 이해하게 되었고, 우리 사회는 겉보기에는 모두 다른 듯이 생활하고 있지만, 사실은 어떤 형태로든 얽혀있는 공동체라는 것을 이해하게 되었다. 그렇게 해서 우리가 사회에서 잘살아가기 위해서는 옆에 있는 이웃들과 함께 살아가야만 참 행복을 느낄 수 있다는 것을 알게 됐다.

나에게 또 한 가지 변화라고 할 수 있는 것은 과거에 꽤나 고지식하고 융통성이 없는 사람이었다는 것이다. 그러나 사회복지현장은 고지식하고 편견에 사로잡혀서는 제대로 일을 할 수 있는 곳이 아니었다. 그렇다고 해서 불법을 저지르거나 편법을 사용해서 일을 하라는 것은 아니다. 최소한 때에 따라 지침을 적용할 수 없는 곳에서는 융통성을 발휘하여 실천해야 한다는 것을 배웠다.

정말 많은 사례에서 기관의 규정에만 묶여서 무엇인가 필요로 하는 사람들에게 가장 필요한 서비스를 제공하기 위한 타이밍을 놓치곤 한다.

예전에 직원에게 노인복지관 이용 어르신 중 한 분이 버스를 타고 집으로 가셨는데, 집에서는 도착하지 않았다고 보호자로부터 전화가 왔다는 연락을 받았다. 혹시 노인복지관에 남아 있는지 아니면 어디 다른 곳으로 가셨는지 다른 어르신을 통해 알아봤으면 좋겠다는 것이다. 전화는 퇴근 이후에 왔고, 사실 전화를 해봤는데 다른 어르신들도 잘 알지 못한다고 이야기하고 좀 더 기다려 보시라고 할 수도 있다. 퇴근 이후는 근무시간이 아니기 때문이다.

그러나 직원들에게 귀가하지 않으신 그분에 대해 알만한 분들에게 전화해서 알아보라고 했다. 그리고 오늘 노인복지관에 나오셨다는 것을 확인하고, 운전기사에게 전화해서 어르신의 동태와 인상착의를 이야기하고 오늘 버스로 되돌아가셨는지 확인했다. 다행히 운전기사가 기억하고 있었다. 아마도 행동에 특이사항이 있었던 어르신이라 기억하고 있는 듯했다. 그리고 정기적으로 내리는 곳에서 내리셨다는 이야기도 했다. 보호자에게 전화를 드려서 평상시처럼 같은 장소에서 내렸다고 말씀드리고 내리신 곳에서부터 직원들과 찾아보기로 했다. 보호자들에게는 아파트 주변을 살펴

달라고 이야기했다. 우선 조금 찾아보고 경찰서에 신고하기로 했다. 내린 장소에서 댁으로 가는 길을 살피며 혹시 중간에 다른 곳으로 가셨는지 탐문을 했고, 보호자들께서는 아파트 주변을 살피고 있었다. 그리고 조금 있다가 보호자로부터 전화가 왔다. 열쇠로 문을 열지 못하고 아파트 입구에서 서성이다가 경비실에 앉아 있었다는 것이다. 다행이었다. 퇴근 후 직원들과 어르신을 찾기 위해 분주하게 움직였다. 우리 모두가 당연히 해야 할 일이라고 생각했다. 이것도 일종의 융통성이다. 그러나 융통성이 없는 사람은 "지금 퇴근시간이라 어렵다." 혹은 "경찰서에 신고를 먼저 하시고 찾아보시면 좋겠다."고 말씀드렸을지도 모른다.

우리는 가끔 너무 많은 정보로 인해 오히려 정보가 적은 사람보다 피해를 입는 경우가 있다. 이것저것 생각하다가 그 타이밍을 놓치는 것이다. 다음의 이솝우화를 생각해 보자.

도망치는 방법 '100가지'를 아는 여우와 딱 한 가지 방법밖에 모르는 고양이가 있다. 둘은 길을 가다가 포식자를 만났다. 어떤 동물이 살아남았을까? 정답은 고양이다. 고양이는 도망치는 방법 딱 한 가지만 알고 있었기 때문에 망설임 없이 재빨리 나무 위로 도망쳤다. 하지만 여우는 100가지 방법을 알고 있었다. 가장 좋은 방법 한 가지를 고르기 위해 고민을 했고, 고민하는 그 시간에 결국 포식자에게 잡아먹히고 말았다.

여우는 요즘 세대로 말하면 원리원칙에 따라 또는 절차에 따라 생각한다. 그리고 배운 대로 합리적이고 객관성 있는 것을 도출해 내기 위해 이것저것 검토하는 절차를 거친 것이다. 그러나 그러한 절차나 규정이 그때그때의 사정이나 형편을 보아 일을 처리하는 융통성 있는 사람만 못한 것이다.

사회복지 현장은 융통성이 다른 어떤 곳보다 더 중요한 분야인 듯하다. 특히 우리가 서비스를 제공하는 대상이 사람이라는 생명체를 담당하고 있어서 절차와 규정에 따라 처리해야 한다는 것을 알지만, 그때까지 그냥 두기에는 더 나쁜 결과를 초래하는 경우도 흔하다.

가출한 청소년이 지금 막 위험에 처해있어서 기관에 찾아왔는데, 설자에 따라 내일 방문하라고 할 수 있을까? 절차나 규정에 맞지 않을 수 있지만 위험을 피하기 위해 어쩌면 내 집에도 함께 가야 할 상황이 있을 수 있다는 것이다.

융통성에 관한 또 다른 이야기를 들어보자. 중국에 나쁜 사람은 아니지만 고집이 세고 옳고 그름의 시비가 명확해서 작은 실수도 용납하지 않는 성격의 소유자가 있었다. 그러다 보니 때로는 인정이 없다는 소리도 듣고, 참 미련하다는 소리도 들었다.

그러던 어느 날 그에게도 여자 친구가 생겼다. 여자 친구는 사정에 따라 지혜롭게 행동하는 성격으로, 둘은 서로 전혀 성격이 달랐지만, 사랑을 쌓아 가는데 그것은 문제가 되지 않았다.

그러던 어느 날 동네 큰 개울가 징검다리에서 만나기로 약속을 했는데, 아침부터 천둥번개와 함께 장대비가 그칠 줄 모르고 내렸다. 성격에 융통성이 없고 원리원칙을 지키는 남자는 약속은 반드시 지켜야 한다면서 약속장소로 나갔다. 그러나 지혜롭고 융통성 있는 여자는 천둥 번개까지 치며 억수같이 내리는 빗속에서 도저히 약속장소로 나가기 어렵다고 판단했다. 그리고 당연히 남자 역시 나오지 못할 거라 생각해서 나가지 않았다. 비가 그치길 기다리다 그친 후 약속장소로 나간 여자는 그곳에서 남자의 우의雨衣를 발견했다. 남자는 자신의 목숨까지 버려가며 넘쳐나는 개울물 징검다리에서 기다렸던 것이다.

이러한 극단적인 상황이 우리가 실천하는 현장에 없으란 법이 있을까? 그렇지 않다. 아마도 그 경중은 있을지언정 비일비재할 수 있을 것이다. 이럴 때 우리에게 정말 필요한 것은 융통성이다. 후배들에게 지혜로운 융통성으로 상황에 따라 잘 대처하라고 말하고 싶다. 우리 현장은 모든 것이 매뉴얼 대로 움직여지지 않는다. 간혹 원리원칙을 지키지 않았다고 지도점검에서 지적을 받는 상황이 온다 하더라도 서비스 대상자에게 최선의 서비스를 제공하고 문제를 해결할 수 있다면 기꺼이 융통성 있게 실천해야만 한다.

나에게 현장을 지킬 답이 있다

오늘도 동이 트기 전에 일어나 아침밥을 먹는 둥 마는 둥 출근 준비를 했는가? 그리고 사무실에 도착하면 어제 밀렸던 일들이 기다리고 있지 않는가? 매일 반복되는 사회복지 현실에 실망스러운 적은 없는가? 내 팔자는 왜 이럴까? 도대체 문제가 뭐지? 하며 고민한 적은 없는가? 진로를 잘못 선택했나? 혹은 퇴사를 생각한 적은 없는가?

어쩌면 이러한 말들이 우리의 일상이 되거나 일상처럼 되뇌어질 때가 있을 것이다. 지금 이 순간에도 회의감과 자괴감, 그리고 진로와 인생에 대해 고민하는 후배들이 있지 않을까 생각한다.

물론 나도 그런 적이 있다. 솔직히 말하면 지금도 '왜 우리는 계약직을 벗어나지 못할까?' 3년에 한 번씩 이렇게 반복되는 감정이 찾아와 나도 '고용보장과 안전한 사업장을 찾아볼까?' 하는 생각을 하면서 퇴근할 때가 있다.

사람들은 누구나 '안전'에 대한 생각을 한다. 에이브러햄 매슬로우Abraham H. Maslow의 욕구이론에 의하면 아주 기본적인 욕구이기도 하다. 그러나 뒤돌아보면 그런대로 열심히 그리고 최선을 다해 주어진 소명을 잘 해내고 있는 자신을 발견하게 된다. 결혼하고 아이들을 키우면서 그래도 평범하지만 행복한 삶을 살아가고 있다는 생각이 들고 이러한 모든 것에 감사한 마음을 갖는다.

그런데 여전히 남들만큼 살고 있지 못하다고, 만족스럽지 않다고, 풍요롭지 못하다고 생각이 들거나, 매일 일이 잘 안 풀리고, 사는 것이 즐겁지 않다고 생각되는 사람들이 있다면 그것은 아마도 지금 이 삶의 기준이 '나'가 아니기 때문일지 모른다.

나의 모든 역할과 기준이 '나'가 아닌 외부에 있으며, 나의 행복이나 만족조차도 남의 기준으로 평가하고 있기 때문일지 모른다고 생각된다.

나에게 주어진 실적과 평가 등이 냉혹한 사회복지 현실에서 사회복지사로서 부딪치는 모든 것들이 그렇게 만들었는지도 모른다. 그로 인해 사회복지 현장에서 떠나고 싶어진다. 심지어는 혐오하는 마음까지 갖게 된다. 모든 것을 사회복지 현장을 탓하고 잘못의 원인을 '이 더러운 현장'에 넘긴다.

그러나 한번 생각해 보면 사회복지 현장을 지키지 못하게 된 것은 '이 더러운 현장'이 아니라 그런 마음을 갖게 된 '나'에 있지 않을

　　　　4차 산업혁명시대 사회복지 실천가로 리모델링 하기

까 생각된다. 그리고 나는 현장의 변화를 위해 어떤 실천을 하고 있는지 생각해보면 외부에서만 원인을 찾는 것은 무리가 아닐까 생각된다.

모든 사회구조는 완전하지 않은 듯하다. 그 속에 있는 우리 또한 완전한 존재라고 생각되지 않는다. 그래서 어쩌면 그러한 마음이 드는 것은 자연스러운 것인지도 모른다. 그러나 이제 앞서 말한 생각들이 스멀스멀 올라오고 있는 사람들이 있다면 다시 한 번 생각해보자.

내가 즐겁고 행복하며, 만족감을 느끼는 것이 과연 외부 현장에만 있을까? 그리고 어제보다 더 당당하게 실천현장을 지키고, 오늘의 많은 것들이 내일의 변화로 찾아오도록 하는 것이 누구에게 달려 있을까? 내일의 더 좋은 변화를 맞이하는 것, 내일의 행복한 변화, 즐거운 변화, 그리고 지금의 실천현장을 지켜나갈 그 무엇은 바로 내 안에 있지 않을까?

쉽사리 판단이 어렵다면 스스로 깊이 성찰해 봄과 주변의 조언도 받길 권해본다. 우리는 짜여진 프로그램에 따라 움직이는 기계가 아니라 새로운 변화와 도전에 적응하는 인간이다. 그러기에 지금 이 글을 읽는 모든 이들이 스스로의 성찰과 좋은 협력자들의 지지를 통해 지금의 어려움을 극복하고 변화를 이루어갈 것을 믿는다.

자신의 가치를 업그레이드(Up-grade)하라

업그레이드Upgrade는 하드웨어나 소프트웨어의 성능을 기존 제품보다 뛰어난 새것으로 바꾸는 작업을 말한다. 사람을 제품에 비유하는 것이 적절할지 모르겠지만, 요즈음 '업그레이드'라는 용어를 폭넓게 사용하고 있으니 이해하리라 생각된다.

말 그대로 우리는 오늘 현재에 안주해서는 안 된다. 개인적 삶에 있어서도 마찬가지다. 업그레이드는 중앙처리장치CPU와 같은 우리의 두뇌를 늘 창조적으로 인식하고 대응할 수 있는 체계로 지속적으로 변화시킨다는 것이다. 그를 통해 나의 능력과 사양이 어떠한 변화와 문제 해결에도 최적화된 상태가 되어 있어야 하는 것이다. 또한, 하드웨어의 본체인 우리 신체를 가꾸는 일도 게을리해서는 안 된다. 건강하고 안정된 몸 상태를 만들어가는 것은 물론 외모를 꾸미고 가꾸어 가는 일도 소홀히 해서는 안 된다. 외모를 가꾸라는 의미는 강제로 재건축하듯 성형을 하라는 의미는 아니다. 자신이 가진 개성을 잘 가꾸고 옷차림새, 머리 모양, 바른 몸가짐 등 우리가 일상적으로 챙겨야 할 것을 소중히 챙기는 것이 중요하다는 것이다.

그리고 소프트웨어에 해당하는 다양한 지식과 지혜를 쌓기 위해 노력해야 한다. 이것을 위해 책을 가까이하는 습관은 나의 소프트웨어가 풍성해질 수 있는 중요한 방법 중에 하나라고 할 수 있다. 다른 사람들과 대화와 토론을 통해 다른 방향에서 바라보는 시각을 갖는 것도 중요하다. 다른 방향에서 바라보는 것 못지않게 나 자신을 냉철하게 바라볼 줄도 알아야 한다. 나의 부족한 면을 바라보지 못한다면 나에게 부족한 것을 채울 수 없다. 정신보건 영역에서 치료의 중요한 출발이 자신의 병을 인식하는 것이라고 한다. 병식이 없는 환자의 경우 치료가 더디고, 투약에 대한 거부로 제때 치료 시기를 놓치는 경우가 많다고 한다.

마찬가지로 나를 제대로 알지 못하고 나의 부족함을 인식하지 못한다면 그 부족한 것을 채워 업그레이드시키지 못할 것이다.

내면의 자존감을 지키고, 자신감을 갖는 것도 중요한 포인트이다. 자만심은 금물이다. 자신이 해온 과정과 결과에 대해 스스로 부족하다고 여기는 지나친 자격지심自激之心도 안 된다.

나에게 중요한 터닝포인트turning point가 되었던 강연 중에 '자신을 리모델링하라'라는 마이클 장의 강연이 있다. 이 강연을 통해 나를 뒤돌아보게 되었고, 미래를 계획하고 실천하게 되었다. 그리고 그 목표를 향해 정보와 첨단기술을 익히고 성장을 향한 노력을 통해 나의 가치를 더욱 높이는 선택을 하게 되었다.

리모델링은 재건축과 다르게 나를 그대로 받아들이고 나의 가치를 더 높이기 위한 실천 활동이다.

이것이 바로 자신을 업그레이드시켜 자신의 가치를 높이는 활동과 같다고 생각한다. 자신의 가능성을 믿고 지금부터 자신의 부족한 부분과 강점을 점검 하길 바란다. 그리고 부족한 부분을 채우고 강점을 더욱 업그레이드 하기 위한 계획을 세우길 바란다. 그리고 할 수 있다는 신념을 가지고 하나하나 실천하길 바란다.

그 결과 여러분들은 어느새 자신의 가치가 한층 높아진 미래를 만나게 될 것이다.

  4차 산업혁명시대 사회복지 실천가로 리모델링 하기

솔선수범하라

솔선수범率先垂範이란 '앞장서서 하여 모범模範을 보이는 것'을 말한다. 사회복지 현장에서 남들보다 좀 더 드러나고 성장할 수 있는 실천방법 중에서 솔선수범만큼 강한 것은 없다.

특히, 우리는 신입사원일 때는 누구보다 일찍 출근하고 누구보다 앞서서 허드렛일을 한다. 후배니까 선배보다 앞서서 하는 것이다. 그러나 사회복지 현장에 반드시 후배들에게만 솔선수범이 필요한 것은 아니다. 오히려 선배들에게 더 필요한 것이 솔선수범이다.

사회복지 현장에서 선배가 된다는 것은 어쨌든 후배들보다는 모든 것에 더 책임을 지는 사람들이다. 그런 의미에서 가장 큰 책임을 지는 것은 팀장, 과장, 국장, 그리고 기관장이라 할 수 있다. 소위 이들은 조직에서 리더 격에 있는 사람들이다. 그런데 이러한 사람들이 후배들보다 더 제시간에 출근하지 못하고, 모든 사업에 대해 후배들보다 더 많은 지식을 학습하지 못하며, 무엇을 하든 간에 앞서 실천하지 못한다면 과연 후배들이 그 뒤를 따라갈 수 있을까? 각 부서의 팀장, 과장, 국장, 그리고 기관장은 리더로서 권리만을 주장하는 사람이 아니라, 모든 일에 제일 먼저 발 벗고 나서는 '솔선수범'의 자세와 그것을 실천하는 사람들이다. 그렇지 못한 리더는 절대 후배들이 진심으로 뒤를 따르지 않는다.

겨울철 눈이 오면 좀 더 먼저 출근해서 손수 빗자루를 들고 솔선수범하는 선배와 늘 후배들에게 그 책임을 미루고 사무실에서 지시하는 선배 중에 과연 후배들은 누구를 믿고 따르겠는가?

사업을 실천할 때도 마찬가지다. 프로그램을 진행할 때 어려운 일이 닥치면 가장 먼저 발 벗고 뛰는 선배와 후배들에게 책임을 미루고 나와는 상관없듯이 뒤로 물러서서 방관하는 선배가 있다면 과연 후배들은 누구를 믿고 따르겠는가?

후배들도 마찬가지로 선배보다 잘하지는 못하지만, 적극적으로 앞서서 실천하는 후배라면 조금은 미숙하더라도 선배들은 얼마나 기분 좋게 보겠는가? 그런 적극적인 실천을 솔선해서 하는 후배라면 조금이라도 더 챙겨주고 가르쳐 주고 싶은 것이 선배의 마음일 것이다.

선배든 후배든 솔선수범을 한다는 것은 조직 내에서는 성실한 사람, 진실한 사람으로 인정받을 것이다. 그것은 곧 한 개인에 대한 신뢰감이요, 믿음을 받는 것이다. 신뢰와 믿음이 쌓인 사람이라면 조직 내에서 성장하는 것은 너무도 당연한 것이다.

　그런 사람이라면 누구나 믿고 맡길 수 있을 것이다. 솔선수범하는 사람에게 기회가 많아지고 할 수 있는 일도 증가할 것이다. 솔선수범이야말로 어떤 의미에서는 냉혹한 사회복지 현장에서 성장할 수 있는 중요한 실천방법이 아닐 수 없다.

　　　　　4차 산업혁명시대 사회복지 실천가로 리모델링 하기

지금 당장 시작하라

시작의 중요성은 언급할 필요조차 없을 만큼 상식적이고 모든 것을 이루는 출발이다.

많은 사람들이 로또복권에 당첨되는 상상을 한다. 그러나 상상만 할 뿐 복권을 사는 행위를 하지 않는 사람이 많다. 복권은 사행성 행위라는 생각을 한다. 그래서 복권에 당첨되는 희망과 상상을 해보지만 그런 사람에게는 절대 당첨의 기회가 오지 않는다. 최소한 마른하늘에 날벼락 맞는 확률일지 모르지만, 희망과 상상을 하고 그 상상을 실현시키기 위해서는 실제 복권을 사는 행위가 전제되어야 하는 것이다.

어느 책에서 본 글귀가 생각난다.

'시작부터 위대할 필요는 없지만 위대해지려면 시작해야 한다.' 시작의 중요성을 단적으로 말해주는 것이다.

사회복지 현장에서도 많은 사람들이 아이디어를 내고 어떻게 하면 좋은 결과를 낼 수 있을까 고민한다. 어떤 사람은 구체적인 서술을 통해 계획서를 만들어 보는 사람이 있는가 하면, 상상만으로 그치는 사람이 있다.

그리고 그 계획대로 실천하는 사람이 있는가 하면, 계획은 했지만 결국 포기하는 사람도 있다. 실천하지 않으면 아무리 좋은 계획이라도 목표를 이룰 수 없다. 무엇인가 할 일을 정했다면 꾸물대지 말고 시작해야 한다. 시작이 반이라는 말도 있지 않은가? 시작이 중요하다는 것이다.

나도 과거 10년 치 계획을 세우고, 중장기 목표를 세웠다. 그리고 그것을 기록한 후 수첩에 넣고 매일 보고 있었다, 그중에 하나가 5년 이내에 대학원을 진학하고 졸업하는 것이었다. 매일 그 목표들을 보고 있었지만 올해는 이것 때문에, 다음 해에는 저것 때문에 어려워하고 있었다. 이렇게 시간이 지나고 있었다. 당장 올해 시작하지 않으면 5년이란 기간 안에 목표를 이루지 못할 상황이었다.

3년 차에는 아무것도 생각하지 않고 오로지 5년이라는 목표만을 생각하고 무조건 도전을 했다. 결과는 1년을 남겨놓고 목표를 이루었다.

필자가 3년 차에도 이것 때문에, 또는 저것 때문에 다음으로 미루었다면 아마도 5년 안에 목표를 이루지 못했을 것이다. 그런데 일단 시작하고 나니 다른 생각은 없어졌다. 그리고 시작한 것을 마치는 데 집중하니 해결되었다.

물론 그 과정에서도 여러 가지 곤란한 점과 부담되는 일, 그리고 개인적인 형편이나 챙겨야 할 일들이 있었지만 잘 마무리되었다. 3년 차는 나에게 마지막 데드라인이었다. 그래서 아마도 더 결단하고 시작했는지도 모른다.

중요한 것은 상상만으로는 안 된다는 것이다. 그리고 그 상상을 구체적인 기록으로 남기는 것이 중요하지만, 그것만으론 부족하다. 목표를 이루는 것은 상상이나 계획이 아니라 '지금 당장 시작하는 것'이었다.

지금 머릿속으로 무엇인가 상상하는 동료나 후배들이 있다면 나는 결단하고 시작하라고 말하고 싶다. 사업계획을 짜고 있는가? 아니면 학습계획을 짜고 있는가? 기관을 위한 좋은 프로그램을 구상했는가? 그렇다면 당장 시작하라. 이런저런 이유 때문에 망설이고 있는가? 그렇다면 당장 부서장이나 기관장과 시작하기 위한 본격적인 회의를 요청하라. 시작해보지도 못하고 끝내는 것만큼 허망한 것도 없다.

> 인생을 돌아볼 때 '젠장, 해 보기라도 할걸.'이라고 말하는 것보다는 '세상에, 내가 그런 짓도 했다니!'라고 말하는 편이 낫다.
>
> 루실 볼(Lucille Ball)

선배에게 물어보라

　내가 처음 사회복지를 시작하면서 정말 어려운 점이 있었다. 배워야 할 것은 많았는데, 배워야 할 곳이 없었다. 선배라고는 관장 한 분이었고, 동료도 나와 같은 처지에 있는 새내기에 불과했다. 관장님께서 큰 흐름에 대해서는 지도해 주셨지만 세세한 것까지 일일이 조언해주시지 못했다. 그리고 나의 입장에서도 이정도 문제를 가지고 관장님께 묻는다는 것이 왠지 누가 될 것 같은 사례가 많아 속으로 안절부절못했던 기억이 있다.

　결국에는 타지의 선배를 나의 슈퍼바이저supervisor로 선정하고 소소한 문제에 대한 확인이나 정보제공, 문제 해결의 조언자로 삼아 초년기 시절을 배우면서 넘겼던 기억이 있다.

　물론 나와 같은 상황에 처한 후배거나 기관 내에서 슈퍼비전을 받을 수 없는 상황이라면 나와 같이 외부나 타지의 좋은 선배를 슈퍼바이저로 삼으라고 조언하고 싶다.

그러나 요즘 사회복지 조직도 어느 정도 선후배의 틀이 잘 잡혀 있고, 지역 내 적절한 시설 기반이 구축되어 있어 예전의 나와 같은 상황은 많지 않을 것이라 생각된다. 다만 후배들 스스로가 선배를 어려워하거나 내가 느꼈던 직속 선배의 어려움으로 부담을 가질 수는 있을 것이다. 그럼에도 불구하고 선배에게 물어보라고 조언하고 싶다. 어떤 문제이건 간에 혼자서 끙끙거리며 고민하는 것보다 훨씬 더 빠르고 쉽게 문제 해결의 실마리를 찾을 수 있을 것이다.

어떤 조직에 있어도 그것은 마찬가지다. 우리 주변에는 다양한 분야에서 경험이 있는 선배들이 있다. 그러나 우리는 그저 운을 떼기가 어려워 '물어보는 것'에 주저하곤 한다. 그러나 아주 작고 간단한 "선배님 이것은 어떻게 하면 되는지 알려주시면 고맙겠습니다." 또는 "선배님 이것 좀 알려주세요."라는 물음이 엄청난 결과를 가져온다는 것을 알아야 한다. 그것을 아는 사람이라면 아마도 주저하지 않고 질문할 것이다.

사회생활을 처음 하는 새내기들은 실제 궁금한 것이 많다. 급여 문제, 기안서 작성, 출장 방법, 기록방법, 접수절차 등등 선배에게 물으면 금방 해결될 수 있는 문제를 가지고 스스로 풀어보려고 애쓰는 모습을 보면 안타깝기도 하다.

'선배에게 물어라.'

간혹 선배들 중에 후배의 궁금증을 알면서도, 또는 직접 후배가 선배에게 질문을 해도 모른 척하거나 꼼꼼하게 가르쳐 주지 않는 경우도 있다.

내가 알고 있는 어떤 분의 사례 중에도 새로 들어온 신입 직원에게 "나는 스스로 내가 모든 것을 찾아가면서 배웠으니 너도 네가 스스로 찾아서 계획서 작성해서 가져와."라고 말하는 선배를 본 적이 있다. 후배에게 자신이 가진 경험과 노하우를 알려주는 것을 주저하는 것은 선배로서의 자질이 없다고 생각된다. 배워서 남 주는 것이 내가 생각하는 선배로서의 소신인데, 그런 행동을 하는 사람은 나와는 다른 생각을 가지고 있는 듯하다. 우리가 가진 지식과 경험은 다른 사람들에게 나누어 준다고 해서 결코 없어지거나 적어지지 않는다. 지식과 경험은 나눌수록 더 많아지거나 커진다고 생각된다. 지식은 소유하는 것이 아니라 나누는 것이다.

어쨌든, 후배들에게는 그런 선배가 있다고 해도 선배에게 물어봐야 한다. 물어본다고 해서 손해날 것은 없다. 가르쳐 주지 않는 선배가 있다고 해도 물어보는 것은 밑져야 본전인 것이다.

아마도 대부분의 선배들은 친절하게 후배가 잘 적응하고 발전하도록 가르쳐줄 것이다.

본인들이 바라는 바가 있다면 도움을 청해라. 그중에서 선배는 매우 실질적인 조언을 해줄 수 있는 사람이다. 그들에게 물어보라. 생각보다 많은 것을 풀어가는 실마리를 얻을 것이다. 덤으로 선후배 관계도 좋아질 것이다.

   4차 산업혁명시대 사회복지 실천가로 리모델링 하기

반응을 잘하고 잘 살피자

반응은 영어의 리액션reaction을 말한다. 사전적인 정의로는 '외부의 자극에 대해 생체 기관, 생체 조직 또는 세포가 나타내는 상태의 변화 또는 활동'을 말한다. 사회적 관계에서 반응은 관계를 잘 만들어 가는 필수적인 태도라고 할 수 있다.

군대에서 반응은 즉시성이 있다. 소위 복명복창이 일반화된 군대 문화가 소통의 정확성과 명확성에는 좋다는 것이다. 이러한 소통의 정확성과 명확성은 우리 조직문화에서도 매우 중요하다.

처음 기관에 들어와서 나는 선배에게 직장예절 교육을 받으면서 배웠던 것 중에 상사가 자리에 없는 경우 상사를 찾는 전화가 오면 누구에게 온 것인지? 연락처는 어떻게 되는지? 확인하고 메모해서 상사에게 전달해야 한다고 배웠다. 그렇지 않고 "어떤 남자 분에게 전화 왔었습니다."라고 상사에게 전달하는 것은 직장 내 예절은 아니라는 것이다. 이와 같이 어떤 자극에 반응하는 것은 매우 중요하다.

그와 같이 내가 사회복지사들에게 말하고 싶은 말은 반응을 잘하는 사람이 되라는 것이다. 선배님이 부르면 “네.”하고 대답을 한다거나, 도움 요청에 대해 “제가 지금 하고 있던 것을 마무리하고 해드리겠습니다.”라고 하거나 “하던 일 마무리하고 한 시간 뒤에 해드리면 되겠습니까?”라고 좀 더 정확한 반응이 필요하다는 것이다.

선배들은 선배의 물음에 아무 반응이 없는 후배들을 만나면 당황한다. 이런 버릇없는 친구가 있나? 왜 대답이 없지? 내 말을 들은 것인가? 아니면 무시하나? 등 별별 생각을 다 하게 된다.

아마 후배들도 자신들의 물음이나 요청에 아무 반응이 없는 선배들을 만나면 당황하게 될 것이다. ‘어떻게 하라는 것이지?’ 순간 낭황스러울 것이다. 선배나 후배를 넘어 상대방에 대한 반응은 직장 내에서 매우 필요한 실천기술이라 생각된다.

반응은 상사나 부하, 동료라는 직장 내의 관계에서뿐만 아니라 서비스를 이용하는 대상자들에게도 중요한 기술이다. 기관을 방문한 이용자들이나 서비스를 받는 모든 대상자에게 반응을 잘하는 것은 사회복지사로 성장하는 데 매우 중요하다.

예능 방송을 볼 때, 함께 출연한 출연진들의 한마디, 한마디에 적절한 반응^{리액션}을 잘하는 방송인을 보면 좋은 방송을 만드는 데 매우 중요한 역할을 하고 있다고 생각된다. 때에 따라서는 PD들로부터 어떻게 반응해야 하는지 사전 교육을 받는다고 한다.

우리 사회복지사들도 마찬가지다. 어떤 대화에 있어서 적절한 반응은 대화를 잘 이끌고 마무리해 가는 데 중요함은 물론, 상담이나 프로그램의 성과를 결정짓는 중심축이 될 수 있다.

또 한 가지 중요한 것은 우리는 때로는 행동하는 것만을 중요하게 생각할 때가 있다. 예를 들면 장애인들과 프로그램을 진행하면서 사회복지사는 내가 진행해야 할 것이 무엇인가를 잘 알고, 내가 준비한 것을 장애인들에게 알려주고 준비된 대로 장애인들을 이끌어 가려는 행동^{액션}을 통해 프로그램을 마무리하려는 생각을 가지고 있다. 그러나 준비된 것이 아무리 좋은 프로그램이라 할지라도 반응을 살피지 않고 행동하는 것은 프로그램이 실패하는 원인 중에 하나다. 준비된 것이 아무리 좋아도 장애인들이 받아들이는 데 어려움이 있거나 이해하기 어려운 것, 또는 함께 실천하기 어려운 것이라면 밀어붙인다고 해도 좋은 성과를 내기 어렵다.

프로그램에 참여한 장애인들의 반응을 잘 살피고 적절하게 변화를 주면서 프로그램을 진행하는 것이 훨씬 더 좋은 성과를 낼 수 있다.

이와 같이 사회복지사는 조직 내 관계에서나 서비스 대상자와의 관계에서 반응을 잘해야 하며, 상대의 반응을 잘 살피는 사람이 되어야 한다. 그렇게 한다면 좀 더 원만하고 바람직관 관계를 만들어가는 데 도움이 될 것이다. 이러한 반응을 잘하는 것과 반응을 잘 살피는 관계를 통해 때로는 냉혹한 사회복지 현실 속에서 사회복지사로서 현장을 더 잘 지켜갈 수 있을 것이다.

창조적 아이디어와 실무능력을 키워라

우리 사회는 끊임없이 변화하고 있다. 그리고 그 속에서 생활하는 우리는 시대와 환경의 변화에 맞추어 변화되어야 한다. 사회복지 현상에서도 그러한 변화는 끊임없이 이루어지고 있으며, 그 변화에 대응하기 위해 우리 스스로를 변화시켜 가야 한다.

그 변화를 위한 기본이 학습이라고 생각된다. 학습을 통해 우리 스스로를 변화시키고 사회현상을 바라보는 시각을 새롭게 하지 않는다면 사회복지 현장의 실천 전문가로서 인정받으며 근무하기가 힘들어질 것이다.

그중에서 우리는 어디에 중점을 두고 변화되어야 할까? 첫째로 개인과 사회의 문제를 해결하기 위한 창조적 아이디어를 찾기 위해 노력해야 한다고 생각된다.

우리가 맞이하고 있는 4차 산업혁명의 시대는 통합적 사고와 인지능력을 갖춘 '다기능적인 사람multi-skill worker'을 원하고 있다. 사회복지 분야도 예외는 아니다.

사회복지 서비스의 대상자들은 과거의 취약계층에서 일반시민들로 확대되고, 그들이 가진 개인적 문제와 사회적 문제의 양상도 다변화되고 있다. 그에 따라 그 문제를 해결하기 위한 방법도 다양할 수 있다. 그 방법을 찾아내기 위해서 우리에게 종합적인 능력과 창조적인 아이디어가 있는 전문가가 필요해졌다. 단순하게 정보를 외우는 능력보다 더 나아가 이해하는 능력을 넘어 상상을 통해 해결방법을 창조해 내는 능력이 필요해졌다. 전문가 그룹이나 비전문가 그룹 등과 팀워크 또는 협력을 통해 좀 더 새로운 아이디어를 탐구하고 실천하는 사람이 필요해졌다.

사회복지 현장의 새로운 전문가는 이러한 측면에서 다양한 학습과 훈련이 필요하다.

둘째로 다양한 실무능력이 필요하다. 창조적 아이디어를 현장에 적용하기 위한 다양한 실무능력이 필요해졌다. 특히, 4차 산업혁명 시대에 따라 소프트웨어를 기반으로 하는 융합능력이 필요하다. 아직까지 사회복지 전문가 그룹의 교육에 컴퓨터 소프트웨어, IT 기술, SNS 소통능력, 로봇 시스템, 사물 인터넷 등이 중요하게 다루어지지 않고 있다. 그러나 앞으로는 사회복지 분야도 변화가 찾아올 것이다. 각종 IT 기기를 이용한 프로그램이 증가할 것이고, 사물 인터넷, 로봇 시스템이 적용된 도구와 프로그램이 우리를 기다리고 있을 것이다. 또한, 그러한 도구를 활용하여 개인의 문제와 사회문제를 좀 더 효과적으로 해결하고 일반 국민들과 함께 참여하는 프로그램으로 변화될 것이다. 우리는 조금씩 그 변화에 대응하기 위한 노력을 게을리해서는 안 된다.

사회복지 분야도 전통적인 사회과학의 패러다임에서 벗어나 다양한 학문과의 융·복합을 통한 실무능력이 필요해질 것이다.

미국의 경영학자 피터 드러커는 미래 고용환경에 적응하기 위해서 젊은이들에게 3~4년 마다 전공분야를 한 개씩 새로 선정해서 전문가 수준으로 실력을 쌓으라고 조언했다고 한다.

나는 사회복지를 실천하는 동료나 후배들에게 미래 사회복지의 환경에 적응하기 위해서 끊임없이 새로운 학문에 관심을 기울이고 사회복지 환경에 적용 가능한 학습을 통해 전문가로서 실력을 쌓아가길 권하고 싶다.

사회복지 분야뿐만 아니라 경영학, 윤리학, 정보통신 등 각자가 위치나 환경에 따라 새로운 창조적 아이디어와 실무에 적용할 능력을 쌓아가는 것이다. 물론 그 분야는 지금 언급한 것보다 더 넓고 광범위할 것이다.

사회복지 실천가의 감성능력에 이러한 실무능력이 더해진다면 이른바 인공지능 시대에 대비한 휴먼 서비스 실천가로서 확고한 위치를 자리 잡을 수 있을 것이다.

04 CHAPTER

선택이 중요하다

슬럼프를 잘 극복하라

사회복지 현장실천가로 활동하면서 슬럼프를 겪지 않는 사람은 드물 것이다. '슬럼프'라는 말은 운동 경기 따위에서 자기 실력을 제대로 발휘하지 못하고 저조한 상태가 길게 계속되는 일이라고 정의된다. 그래서 보통은 운동선수를 대상으로 사용되지만 사회복지 종사자처럼 감정노동에 종사하는 모든 사람들에게까지 확대 적용할 수 있다고 생각된다. 사회복지 현장에서는 일반적으로 사용되는 '번아웃 증후군 Burnout syndrome'과 같은 맥락으로 설명될 수 있을 듯하다.

사회복지 현장에서도 우리는 이러한 슬럼프에 빠질 수 있으며, 이것이 장기간 지속될 경우 우리의 비전과 직업적 소명이 있음에도 불구하고 마음과는 다른 선택을 하는 경우가 있을 수 있다.

슬럼프는 우리가 가진 능력과는 별개다. 그 순간 내가 정말 부족하고 능력이 없어 보여 더 이상 내 직무를 감당할 수 없을 것 같은 생각이 들지만, 능력부족과 슬럼프는 잘 구분하고 대처하는 것이 필요하다. 사회복지 현장 실천가로 의욕도 없고, 성과도 없으며, 자신의 기대나 조직의 기대에도 미치지 못하는 경우가 지속되기도 한다. 이러한 경험은 능력이 없어서 그런 것만은 아니며, 늘 자신 있어 하던 사람도 경험할 수 있다.

이럴 경우 우리는 슬럼프의 원인이 어디 있는지 자신을 살펴보아야 한다. 그것이 과거의 실패나 실수로 인한 반응이라면 과거의 일일 뿐이라고 자신을 다독이는 것도 필요하다. 그리고 지금 현재의 주어진 일에 최선을 다해 본다면 어느 순간 과거는 잊혀지고 새로운 경험을 하게 될 것이다.

슬럼프가 자신의 업무에 대한 실직의 부남삼 때문이라면 우선 대상자에 대한 만족감을 끌어 올리는 것에 의도적 관심을 두어보시길 권한다. 자신감에 대한 상실이 슬럼프의 원인이라면 자신의 에너지를 효과적으로 분배하며 업무를 진행해보길 권한다. 그리고 목표량을 조금 낮추어 목표에 대한 성공을 경험할 수 있도록 스스로 조정하거나 아니면 팀장과 협의해야 할 것이다.

한번은 이러한 일이 있었다. 사회복지 종사자 중 팀장을 맡고 있던 A복지사는 새로운 직원을 채용했다. 채용된 새로운 직원은 교육을 받던 중 팀장이 너무 강압적이고 구체적으로 업무지도를 하지 않는다는 이유로 한 달을 채우지 못하고 퇴직했다. 그리고 새

    4차 산업혁명시대 사회복지 실천가로 리모델링 하기

롭게 채용된 직원도 유사한 이유로 사표를 제출하게 되면서 팀장은 스스로 능력이 없다고 생각하면서 업무에 활력이 생기지 않고 침체되는 슬럼프를 경험하게 되었다. 신체적으로 몸살이 동반되는 등 어려운 환경에 처하게 된다. 그리고 또다시 후배를 맞이하여 새롭게 지도할 자신감을 잃어가고 상실감을 느끼게 되었다.

그 상황을 극복해 주고 싶었던 원장은 A팀장의 업무를 분석해 보고 연말과 연초에 A팀장의 업무가 과하여 피로가 누적되고 업무에 대한 부담감이 있는 상황에서 새로운 직원을 지도해야 하는 상황이 오히려 상황을 악화시키고 있음을 확인하고 업무가 밀려있지만 조금 휴식을 취하도록 휴가를 권고하여 휴일과 함께 5일간 휴가를 할 것을 유도했다. 그 후 A팀장은 훨씬 더 부드럽고 유연하게 상황을 극복해내는 것을 확인했다. 휴식이 한편으로 슬럼프를 극복하는 방안이 될 수 있다는 것이다. 그러나 그렇게 1주일 정도 쉰다는 것은 업무 담당자로서 쉽지 않다. 이것은 상급자나 동료들의 배려가 필요하다.

필자는 일에 활력이 없고 흥미를 잃을 때 학습을 선택하면서 극복해낸 경험을 가지고 있다. 슬럼프의 원인은 사람마다 다를 수 있다. 우리들 각자에게 가장 중요한 것은 슬럼프의 원인이 무엇인지 성찰하고 대응하는 것이 중요하다는 것이다.

그에 따라 업무수행을 잠시 멈추는 것도 필요하고, 역할에 대해 명확하게 인식해야 할 경우도 있으며, 목표를 수정하여 성공경험을 해보는 것도 필요하다. 또한 자신의 감정을 잘 성찰하고 탐색해 보는 것도 유익하며, 과거나 미래를 떠나서 지금 현재의 업무에만 집중하는 것도 필요하다. 그리고 무엇보다 혼자하기보다는 자신이 신뢰하는 사람과 함께 나누고 소통을 통해 지금 현재를 가능하면 객관적인 측면에서 바라보는 노력을 통해 더 성장할 수 있다. 그것이 사회복지 현장에서 살아가는 중요한 방법이 될 수 있을 것이다.

일반적으로 직업에서 얻을 수 있는 이익은 두 가지 정도이다. 하나는 금전적 보상이며, 다른 하나는 심리적 보상이다. 사회복지 현장은 금전적 보상을 얻기에는 매우 부족한 편이다. 그렇기 때문에 최소한 심리적 측면에서 활력을 찾고, 성취감을 느끼며, 매사에 자신감을 가질 수 있도록 하며, "오늘 힘들었죠.", "수고했습니다." 등 말 한마디라도 동료 간이 친밀성을 가질 수 있노록 지속적인 노력이 이루어져야 할 것이다.

　4차 산업혁명시대 사회복지 실천가로 리모델링 하기

자신의 가치와 윤리를 지키는 것이 중요하다

사회복지 현장에서 일하다 보면 때로는 여러 가지 요청을 받기도 하며, 여러 분야의 단체와 연계하거나 지역사회활동을 하는 경우가 생긴다. 물론 사회복지 전문가라는 지위로 참여하여 협력을 이루어 가는 것이다. 이러한 활동을 하면서 우리는 정치적 이념이나 실천을 필요로 할 경우가 발생한다. 그런데 자칫 사회복지 전문가로서의 철저한 가치관 정립과 윤리의식을 가지지 않으면 우리가 생각하지 못한 방향으로 나의 행동이 이루어지는 경우가 종종 발생할 수 있다. 그로 인한 결과는 직접 또는 간접적으로 나와 우리 조직에 영향을 미치게 된다. 물론 우리가 이러한 지역사회조직을 실천하는 일은 나는 물론 조직에 긍정적 영향을 미칠 것이라는 생각으로 참여하게 되지만 결과가 반드시 그런 것만은 아닌 듯하다.

그렇기 때문에 우리는 모든 활동에 있어서 중심을 잡고 전문가로서의 소신과 철학을 가져야만 흔들림 없는 활동을 할 수 있다. 소신을 가진 실천가로 활동하면 어떤 행동을 하든 간에 모든 사람들의 신뢰 속에서 공정하고 중립적인 역할을 한다는 평가를 받겠지만 그렇지 않다면 특정한 목적이 있다는 오해를 불러오고 그 결과가 나와 조직에 영향을 미치게 되는 것이다. 그렇게 하기 위해서는 섣부른 참여와 활동보다는 신중하고 사회복지사로서의 가치와 윤리를 지키는 활동이 필요하다는 것이다.

사회복지사로서의 가치와 윤리가 바로 서지 않은 상태의 활동은 더욱 상황을 어렵게 할 수 있다는 것을 잊어서는 안 된다. 늘 사회복지사로서의 가치를 되새겨보고 주위에서 모범이 되거나 존경받을 만한 동료나 선배를 통해 끊임없이 학습하고 배워야 한다. 잘 모를 경우에는 묻고, 따져서 선택하고 실천하는 것도 한 방법이 될 것이다.

    4차 산업혁명시대 사회복지 실천가로 리모델링 하기

멀리 보고 사표를 제출하라

현장에 있다 보면 많은 후배들을 만나게 된다. 그런데 만나는 사람 중에 어떤 사람은 진중하고 생각의 깊이가 있는 사람이 있는가 하면, 그렇지 않은 경우도 많다. 우리는 사회복지사로서 일하기 위해 전공을 선택하고 현장에 나오게 된다. 그런데 후배들 중 우리가 본래 가지고 있던 그러한 생각들을 헌신짝처럼 취급하고 갈 곳을 잊어버리는 경우를 많이 본다. 그래서 급여의 문제, 교통의 문제, 직무배정의 문제 등으로 쉽게 이직을 선택하는 경우를 보게 된다. 물론 당사자는 나름대로 많은 고민을 한 후에 선택한 결론일 것이다. 그럼에도 불구하고 내가 보기에는 자신의 선택을 잘못된 선택이라고 생각하고 섣부른 선택을 하는 듯하여 안타까울 때가 있다.

전문직이라고 하는 것은 일정한 규정 속에 유사한 직무를 수행한다고 할 수 있다. 물론 큰 기관이나 세부화된 직무를 수행하는 곳도 없지는 않겠지만 일반적으로 비슷한 직무성격을 가지고 있다. 그런데 당장 눈앞의 불편함과 어제오늘에 발생한 조직 내 어려운 문제, 그리고 단기간의 경험을 가지고 사표를 제출하는 경우가 있다. 특히, 최초로 직업을 선택했을 때에 그러한 경우가 많은 듯하다. 내 주변에도 졸업 후 처음 들어간 직장에서 주어진 업무가 많고, 성과에 대한 압박과 잦은 야근으로 몇 개월 만에 사표를 내고는 뒤도 돌아보지 않았던 사람이 있다. 현재까지도 미련은 있는 듯하나 다시는 하고 싶지 않은 일이 사회복지라고 하며, 새로운 직업에 더 열정을 가지고 일하고 있다.

우리 후배들 중에도 이러한 사람을 보게 된다. 너무 마음이 안타깝다. 사회복지를 하기 위해 대학에서 공부하고 짧은 기간 경험으로 그동안 배우고 경험한 것을 없었던 것으로 되돌리는 것은 어쩌면 용기라고 할 수도 있겠지만, 요즘 후배들이 선택하는 이직은 자신의 가치나 비전에 의한 선택이라기보다는 경제적 어려움이 많은 듯하다.

한 가지 더 말하자면 사표를 제출하는 기준이 절대 돈이 아니어야 한다. 우리가 돈 때문에 인생을 사는 것이 아니며, 또한 돈 때문에 일하는 것이 아니라는 것을 기억하자. 열심히 일하다 보면 돈은 자연히 따라오게 되어 있다. 현재는 여러 가지 어려움이 있겠지만 주어진 일에 최선을 다하다 보면 좋은 결과를 맞이하게 된다.

현재의 일이 계약직이기 때문에, 급여가 너무 적어서 내가 해야

      4차 산업혁명시대 사회복지 실천가로 리모델링 하기

할 일에 소극적으로 처신하는 사람에게 아무도 큰일을 맡기지 않는다.

우리가 현 상황을 파악할 때 한 가지 측면에서 현상을 보면 우리는 늘 실수를 하게 된다. 그 실수가 때론 치명적인 결과로 올 수가 있다. 사회복지 분야도 다른 분야처럼 우리들만의 정보의 소통이 이루어지고 있다. 그렇기 때문에 좀 더 신중한 선택을 해주길 바란다. 또한, 짧은 경험보다는 자신에게 닥친 문제들을 조직 내부나 외부의 동료, 선배들과 소통하며 해결책을 모색해보는 노력을 해보도록 권하고 싶다.

조금 더 인내하고 해결책을 찾아보는 노력을 해보자. 그럼에도 불구하고 해결책이 없거나 변화가 불가하다고 생각되거든 그때 사표를 제출해도 늦지 않는다. 월급이 적다고 불평불만 하기보다 자신의 가치를 높이는 선택을 하라.

> "인생은 목표가 있어야 합니다. 꿈을 위해 달리려면, 돈을 사랑하지 말고 일을 사랑하십시오. 그 순간 당신은 성공을 향한 첫발을 내딛게 될 것입니다." **앤드루 카네기(Andrew Carnegie)**

스스로 좋은 기회를 만드는 사람이 되자

사람들은 옆에 있는 동료나 타인들이 갖게 되는 좋은 기회들을 부러워한다. 그리고 "왜, 나에게는 좋은 기회가 오지 않을까?"라고 생각하곤 한다. 좋은 기회라고 하는 것이 그냥 찾아오는 것일까?

"어리석은 사람은 기회를 포기하며, 평범한 사람들은 기회를 기다린다. 그리고 현명한 사람은 기회를 만든다."는 말이 있다.

때때로 주변에서 어떤 사업을 진행하기 위해 사람과 돈이 부족한 경우 무작정 좋은 사람과 재원이 찾아오기만을 기다리는 사람들이 있다. 또 다른 곳에서 왕성하게 사업을 하는 것을 보고는 "우리는 왜? 저곳처럼 좋은 분들의 손길이 찾아와 주지 않을까?"라고 말하며 실망하곤 한다. 나는 그런 분들에게 '기회는 위기 속에서도 찾아질 수 있다.'고 말하고 싶다. 그리고 그런 분들에게 과연 좋은 기회를 찾기 위해 스스로 노력하고 궁리하며, 실천한 것이 있는가? 묻고 싶다.

그러면 우리는 좋은 기회를 어떻게 만들어갈 수 있을까?

가장 먼저 자신의 특성을 잘 인식할 필요가 있다. 조직이라면 조직의 특성을 잘 파악하는 것이 중요하다. 그러한 성찰을 통해서 자신의 적성과 능력을 발견하고 적용할 분야를 탐색한다면 방법이 있다. 탐색은 누가 가져다주는 것이 아닌 스스로 몸을 쓰고 두뇌를 움직여서 실천해야만 찾아질 수 있다. 그러한 탐색의 과정에서 기회는 찾아올 수 있다.

직장 생활에서도 개인에게 주어진 업무에 최선을 다하고 충실하게 실천한다면 또 다른 기회가 찾아온다. 그러한 기회가 왔을 때 그 기회를 내 것으로 만들기 위해서는 늘 준비되어 있어야 한다.

또 다른 방법은 지역사회의 다양한 역할에 참여하는 것이다. 자신의 역량을 나타낼 수 있는 지역 내 역할을 찾고자 끊임없이 노력해야 한다는 것이다. 그러한 노력을 통해 기회는 더 많이 만들어질 수 있다. 다시 말해서 자신의 역량을 발휘할 다양한 네트워크를 만들고, 실천하는 것이 곧 기회를 만드는 사람이라는 것이다.

적성을 찾는 것은 쉬운 일은 아니다. 끊임없이 자신과의 치열한 싸움이 있어야만 찾아질지도 모른다. 분명한 것은 자신의 것을 찾겠다는 굳은 의지와 각오가 필요하다는 것이다. 적성이라는 것은 어떤 일에 알맞은 성질이나 적응능력 또는 그와 같은 소질이나 성격을 말하는 것으로 쉽게 얻어질 수 있는 것이 아니다.

이제 '나에게는 왜 그런 기회가 없을까.' 하고 한탄하고 있는 사람이 있다면 지금 이 순간 스스로 기회를 만들어 가는 것이 얼마나 중요하고 필요한 것인지 알아야 한다.

우리에게 내일은 없다. 바로 지금 이 순간의 연속일 뿐이다. 지금 이 순간에 가장 최선을 다해 나의 역할을 찾는 사람이 곧 기회를 만들어가는 사람이다. 우리 함께 기회를 만들어 가는 사람이 되는 것은 어떤가? 좋은 기회는 스스로 만들어 가는 것이다.

 4차 산업혁명시대 사회복지 실천가로 리모델링 하기

마지막까지 책임을 다하는 사람이 되어라

직장에서 일하는 사람들은 대부분 한 직장에서 내 직업생활을 보내야겠다고 생각하는 사람보다 그렇지 않은 사람이 많다. 또한 오늘날처럼 급변하는 사회에서 평생직장이라는 것은 그렇게 쉬워 보이지 않는다. 얼마 전까지만 해도 사오정40대, 50대 정년퇴직 한다는 말이나 오륙도50대, 60대가 되어서도 정년퇴직을 하지 않으면 도둑놈 소리를 듣는다라는 말이 유행한 것처럼 우리 직장인들의 은퇴 시기는 빨라지고 있다.

필자가 일하고 있는 사회복지 분야도 외부에서 보기에 이러한 이야기는 적용되지 않을 것이며, 정년이 보장되는 안정된 직장이라고 생각하는 사람들이 많은 듯하다. 그러나 사회복지 분야도 자의든 타의든 이직률이 매우 높은 곳이며, 한 직장에서 정년을 보장받기 어려운 분야이다.

복지와 노동권 보장이 큰 흐름인 요즘 사회와 다르게 사회복지 분야는 오히려 종사자의 복지와 노동권이 역행하고 있는 듯하다. 오죽하면 정부가 사회복지종사자를 위한 「사회복지사 등의 처우 및 지위 향상에 관한 법률」을 만들게 되었을까 생각해보면 그 처지를 가늠할만할 것이다.

사회복지사의 근무일은 하루 8시간을 훨씬 뛰어넘고 있으며, 근무일도 '월화수목금금금'이라는 말이 나올 만큼 휴일도 보장받지 못하는 곳이 많다. 2016년 한국사회복지사협회 조사에 따르면 사회복지시설 종사자 10명 중 6명은 이직을 경험하였으며, 2015년 기준으로 사회복지시설 종사자 평균 재직 기간은 5.5년이었다. 그 이유로 생활시설 종사자는 '개인적인 휴식 및 재충전'을 가장 많이 꼽았으며, 이용시설은 '임금 수준이 저정성 문제'를 들고 있다.

이러한 어려운 상황에도 불구하고 후배들에게 한 번쯤 해주고 싶은 말은 '마지막까지 책임을 다하는 사람'이 되어야 한다는 것이다. 물론 이것은 어느 직업군에 있든지 간에 마음속에 새겨야 하는 것이 아닌가 하는 생각이 든다.

이러한 생각을 가진 사람은 당사자 의식이 높아 수동적이지 않고 적극적이며, 일하는 과정에서도 스스로 즐겁게 일할 수 있다.

우리들은 분명히 한 조직에서 다른 조직으로 이직할 개연성이 높다. 그러나 이직하는 다른 조직도 많은 부분은 동종의 직업일 확률이 높으며 동종의 직업이 아니라 하더라도 이전 조직에서의 근무태도나 활동이 다른 조직에 들어가기 위한 참고자료로 활용되는 경우가 많다. 그렇기 때문에 이러한 책임의식을 가진 사람은 종료되는 마지막까지 자신의 업무에 대해 회피하지 않고, 자신으로 인해 조직이 피해나 불이익이 가지 않도록 최선을 다해 업무를 마무리할 것이다. 이러한 태도야말로 지금 우리들이 필요로 하는 것들이며, 타 직종으로 이직하더라도 긍정적인 인식을 줄 것이다. 또한 개인적으로 스스로의 삶에 대해 만족해할 수 있다. 더 나아가 이직한 조직에서도 성장할 수 있는 기틀이 될 것이다.

간혹 후배들 중에 한 직장에 있으면서도 동료들이 보는 앞에서 타 직장으로 이직하기 위해 현 직장에 최선을 다하지 않고 이직 준비만 하는 사람이 있다. 물론 타 직장으로 옮기기 위한 그만의 최선의 행동을 하고 있겠지만 다른 동료들에게 미치는 영향을 생각한다면 매우 비윤리적이고 비이성적인 행동이 아닐 수 없다.

자신의 목적을 위해 동료와 조직을 이용하는 그러한 행동과 태도는 당장에는 더 좋은 직장 또는 본인이 바라는 직장으로 이직에 성공할지 모르지만, 그와 함께했던 사람들의 기억에는 부정적인 사람으로 남게 될 것이다. 그리고 지금 당장에는 영향력이 없을지 모르지만 언젠가는 그 사람에게 악영향을 미칠 것이다.

요즘처럼 평생직장의 의미가 퇴색해 가는 현실에서 그 구성원들에게 퇴직 때까지 무조건 이곳에서 일하라고 할 수 없다. 또 그렇게 한다고 해서 남아있지도 않을 것이다. 다시 말해서 우리들 모두는 더 좋은 환경을 찾아 움직일 수 있는 사람들이라는 것이다.

　그러나 반드시 기억해야 할 것은 마지막까지 자신에게 주어진 책임을 다하는 사람이 되어야 한다는 것이다. 이것은 우리들 스스로에 대한 책임이며, 내가 속했던 조직에 대한 책임이며, 우리 사회에 대한 책임을 다하는 성숙한 사람으로서의 도리이자 우리가 말하는 민주시민으로서의 자질이라고 말할 수 있을 것이다.

　4차 산업혁명시대 사회복지 실천가로 리모델링 하기

중요한 그 '무엇'을 기억하라

직장이라는 현장을 돌아보면 참 많은 경험을 하게 된다. 얼마 전 새로운 직원을 뽑는 면접을 보았다. 면접을 보면 지원자 모두가 '열심히 하겠습니다.', '열심히 잘할 수 있습니다.', '시켜주시면 무엇이든 하겠습니다.' 라는 의지를 가지고 있다. 그런데 정작 출근 당일에는 나타나지 않는다. 면접 결과는 이미 1주 전에 발표되었지만 '감사합니다.'라는 말이 마지막이었다. 왜 출근하지 않는지 다급해진 담당자 전화했을 때 그제야 '다른 곳에 취직되었습니다.'라는 답변이 돌아왔다.

우리는 많은 시간을 들여 모집공고를 내고, 서류를 검토하고, 외부 면접관을 모셔 면접을 보았다. 그 많은 사람들의 시간과 노력이 그 순간 사라져 버렸다. 그럴 수 있다고 생각했다. 그러나 중요한 그 '무엇'이 빠져 섭섭함을 넘는 감정이 솟아났다. 사전에 얼마든지 사정을 이야기할 수 있었고, 또 출근 당일이 아닌 그전 어느 때라도 미안함을 표현할 수 있었다. 그러나 그렇게 하지 않았다. 그것이 지원자가 잊은 '소중한 것'이다.

간혹 사람들이 '입사만 시켜주면 무슨 일이든 다 하겠습니다.'라는 강한 의지를 가지고 함께 일할 수 있는 기회를 선택하게 된다. 매우 중요한 선택의 순간이기 때문에 아마도 많은 분들은 그렇게 자신을 표현할 것이다. 그런데 왜 3개월만 지나면, 아니 입사하는 순간부터 불평불만이 늘어날까?

나는 종교가 있다. 종교생활을 하면서 이곳저곳에서 세례를 받는 사람이 있다. 물론 교파가 다른 경우 그렇게 다시 받기도 한다. 그러나 지속적으로 세례를 받는 사람도 있다. 그리고 이곳저곳의 교회를 옮겨 다니는 경우도 많다. 그 사람들은 무엇인가 새로운 삶을 찾아서 노력하고 있는 것이라 생각된다. 그런데 그런 사람들이 꾸준한 사람보다 새로운 삶을 더 잘살고 있는지는 모르겠다. 어쩌면 더 못한 경우가 많다.

사회복지 현장의 조건과 환경은 내가 속한 상황에 따라 많은 차이가 있다. 그리고 나 또한 그 환경에서 완전히 자유로울 수 없다. 그런데 적어도 그 환경에 대해 나의 자세나 태도에 따라 대처하는 방식을 내가 선택할 수는 있다.

우리는 모든 순간에서 선택이 중요하다. 과연, 나는 중요한 그 '무엇'의 가치를 어떻게 결정하고 그에 따른 나의 행동을 어떻게 선택할까 고민해야 한다. 이렇게 선택의 중요성을 깨닫는다면 어려운 환경도 내가 극복할 수 있는 그 무엇이 될 수 있다.

어려운 환경을 저버리는 약자의 태도를 선택할 것인지, 아니면 피하는 비겁자가 될 것인지, 그것도 아니면 극복하는 승리자의 태도를 선택할지는 오로지 내가 해야 한다.

"수용소에서 유대인들 중 일부는 돼지처럼 행동하고, 일부는 성자처럼 행동하는 것을 목격했다. 사람은 자신 안에 그 두 가지 가능성을 모두 갖고 있다. 어느 것이 활성화될 것인지는 조건이 아닌 우리가 하는 결정에 달려 있다." **빅터 프랭클린**

이 글을 읽는 모든 사람들이 순간순간의 선택의 과정 속에 소중하고 중요한 선택을 하기를 바란다.

시작했다고 모든 것을 마칠 필요는 없다

프로그램이나 사업을 진행하다 보면 처음 생각했던 것과 다르게 흘러가는 경우가 있다. 사업에 필요한 예산이 부족할 때도 있고, 참여자들의 반응이 좋지 않을 때도 있다. 그런데 우리는 종종 시작한 것은 무조건 끝마쳐야 직성이 풀리거나 중간에 그만두면 혹시 윗사람이 능력이 없거나 열심히 하지 않는다는 평가를 받을까 하는 우려의 마음 때문에 풀리지 않는 것에 매달리는 경우가 있다.

시작했다고 모든 것을 다 마칠 필요는 없다. 주식을 사고파는 개인 투자자의 경우 초보자에게 자주 하는 말이 손절매損折賣[7]를 잘해야 한다는 것이다. 개인 투자자의 경우 한번 주식을 사면 주가가 하락하여도 손절매를 하지 못하고 계속 가지고 있다가 더 큰 피해를 볼 수 있다는 것이다. 기관 투자자의 경우 매입 시점에서부터

7 손절매(sale with a loss, 損折賣) 주가(株價)가 단기간에 상승할 가능성이 없거나 현재보다 더욱 하락할 것이 예상되는 손해를 감수하면서도 가지고 있는 주식을 매입가격 이하로 파는 것을 말함. 로스컷(loss cut) 또는 스톱로스(stop loss)를 손절매라 하는데, 통상 로스컷은 기관들이 손절매 기법을 말한다.

10~30%의 손실이 나면 자동적으로 매도하도록 한다고 한다. 그런데 초보자들은 이러한 기술을 잘 사용하지 않고 한번 주식을 사면 그 주식이 하락할 때 손절매 하지 못하다가 오를 때까지 무한정 기다린다고 한다. 그로 인해 손실은 더욱 커지고 결국 무작정 기다리거나 더 큰 손실이 난후 매도한다는 것이다. 물론 항상 그런 것은 아니지만, 때에 따라서는 지금 하고 있는 모든 행동이 시작했다고 하는 이유로 끝날 때까지 기다리다 보면 더 크게 잃는 경우가 있다.

너무 빨리 포기하는 것도 문제가 있을 수 있지만, 너무 길게 프로그램이나 사업을 진행하는 것이 항상 좋은 것만은 아닌 듯하다. 이러저러한 이유로 후배들이 그 프로그램에 매달리는 것을 보면 안타까울 때가 있다. 지금 내가 애쓰고 있는 것이 끈기가 필요한 일인지 아니면 미련한 행동인지에 대한 성찰이 필요하다.

어떠한 가치에 기준을 두느냐에 따라서도 그 선택은 달라질 수 있을 것이겠지만, 바로 지금 우리가 하는 프로그램과 사업 등이 끈기가 필요한 것인지? 아니면 미련한 행동인지를 선택하는 것. 이것은 매우 중요하다. 우물쭈물하는 사이에 더 좋은 기회를 잃어버리지 않도록 선택을 잘하려는 노력이 우리에게 필요하다.

존 위더스푼John Witherspoon이라는 영화배우가 이런 말을 했다고 한다. "단순히 읽기 시작했다는 이유만으로 결코 책을 끝까지 읽지 말라." 간단한 말인 듯하지만 작은 말 속에 깊은 내공이 있는 듯하다. 아주 작은 일에도 우리가 늘 성찰해 보아야 하는 말이 아닌가 한다.

지역사회와 함께하는 것은 또 다른 기회이다

사회복지 현장이라는 곳은 그 지역사회와 공동체를 형성하는 것이라고 생각한다. 특히나 내가 근무하고 있는 이용시설은 생활시설에 비해서 더 다양한 지역사회 관계망을 가지고 있다고 생각한다. 그래서 현재 내가 담당하고 있는 분야도 열심히 해야 하지만 그에 못지않게 지역사회와 함께할 수 있는 기회가 있다면 적극적으로 참여해야 한다고 생각된다.

나는 이러한 생각 속에 새내기 사회복지사 시절부터 지역사회와 함께하려고 노력했으며, 그 경험을 바탕으로 후배들에게도 권고하고 실제 다양한 지역사회 관계에 참여할 수 있도록 기회를 주고 있다. 그러나 때로는 그러한 나의 생각들이 잘 전달되지 않는 경우도 있다.

기관의 사무국장으로 일할 때 후배들에게 지역사회에 관심을 가지기를 원했고, 더 넓은 사회복지 현장에서 후배들이 가지고 있는 재능을 펼쳐주기를 바라는 마음에서 새로운 활동을 제안한 적이 있다.

그러나 다양한 이유로 참여가 어려웠다. 어떤 후배는 가정의 자녀 돌봄이나 남편 저녁, 시부모 눈치 등의 이유로 제안을 받아들이지 못했다. 물론 의무적으로 하는 사항은 아니었고, 각자가 나름의 환경과 여건에 따라 처지가 다르다는 것을 알고 있다. 그래서 그 후배의 생각을 존중하고 더 이상 권고하지 않았다. 제안은 다른 후배에게 넘어갔고, 또 다른 후배는 흔쾌히 수락하고 지금까지 아주 잘 지역사회조직에서 자신의 재능을 펼치고 있다.

누구나 어떠한 것을 선택하거나 포기할 자유는 있다. 그리고 포기했다고 해서 비난하거나 미워할 수 없다. 그렇지 않아도 우리의 현장은 늘 분주하고 바쁘고 고단한 생활이기 때문이다. 그러나 사회복지 현장의 전문가에게 지역사회와 함께하는 것은 매주 중요한 의미가 있기도 하다. 그래서 자신의 여력이 된다면 적극 참여할 필요가 있다.

그 후 제안을 포기한 후배는 지역사회 내에서 다른 많은 프로젝트에서도 선택받지 못하거나 자신의 역량을 발휘할 기회를 놓치고 있다. 반면에 제안을 받아들인 후배는 우리 기관에서 배우지 못하는 많은 것들을 또 다른 곳에서 배우고 자신의 역량을 알리며 동시에 또 다른 역량을 강화하고 있다. 그 선택 이후 또 다른 기회를 만나기도 했다. 그로 인해 작지만 강의할 기회를 얻기도 하고 다른 조직의 전문가들과 새로운 프로젝트를 실천하며 또 다른 역량을 강화하는 긍정적인 전문가로서 거듭나는 것을 보면 대견하기까지 하다.

내가 그렇게 후배들에게 권고하는 이유는 나의 경험에 기초한다. 나 또한 새내기 시절 지역사회와 함께함으로 인해 새로운 지위를 얻게 되기도 했으며, 그 기회가 지위의 변화뿐만 아니라 경제적 가치를 창출하고 개인적 인지도는 물론 조직의 인지도까지 높여주는 경험을 했다.

다시 말해서 나의 네트워크가 지역사회로 확장되어 더 많은 네트워크로 엮이며, 개인뿐만 아니라 조직의 긍정적인 변화를 만들어 내었다는 것이다. 어찌 보면 나의 업무를 벗어난 귀찮은 일이 소중한 기회였던 것이다. 이러한 것들은 묵묵히 참여하는 가운데 새로운 기회로 바뀐 것이다.

나는 여전히 후배들에게 조금씩만 짬을 내서 지역사회와 함께하도록 권면하고 있다. 그리고 그 선택은 후배들의 몫이다. 그러나 선배로서 더 열심히 참여하고 더 열심히 수고하는 후배가 좀 더 대견해 보이고 믿음직스러운 것은 사실이다. 그런 친구에게 한편으로는 미안한 마음도 있지만 더 찾게 되는 것도 사실이다. 어쩌면 4차 산업혁명 시대는 공유와 협력, 네트워크가 필요한 시대가 아닌가 생각된다.

　　　4차 산업혁명시대 사회복지 실천가로 리모델링 하기

여하튼 분명한 것은 나의 선배님들이 그랬듯이 앞으로 후배들도 그렇게 노력하는 후배가 있다면 더 애틋하게 느껴질 것이다. 우리가 하는 일들은 선을 긋듯이 업무를 나누고 일의 양을 분명하게 나눌 수 없는 것이 많다. 특히 지역사회 전체의 복지증진이라는 큰 틀에서는 더욱더 분야와 역할을 나누기 어려운 것이 많다. 이러한 순간에 함께하겠다고 나서는 후배가 있다면 지역사회 복지는 더 성장하고 따뜻해질 것이 분명하다. 지금은 애쓰고 수고하는 만큼 보상이 없을지 모르지만 쌓이고 쌓여 새로운 기회나 보람으로 다가올 때가 있을 것이다.

후배들이여 선택하라. 여러분은 어떤 선택을 하는 것이 전문가로서 더 가치 있겠는가? 선택은 우리들 각자의 몫이라 생각된다.

위기가 기회이다

이 말은 우리가 흔히 듣는 말 중에 하나다. 나는 이 말을 현장에서 경험했다. 내가 대학을 졸업하고 전문가로서 첫발을 내딛은 후, 위기가 있었다. 첫 위기는 일하기 시작한 후 4년쯤 되었을 때이다. 그때 과연 이 직업이 나에게 적합한 것인가 하는 생각이 들었다. 그전까지는 그런 생각을 할 겨를도 없이 늦은 시간까지 주어진 일을 하느라 시간 가는 줄도 몰랐다.

매일 늦은 퇴근과 또 아침 일찍 출근해야 하는 내 자신이 문득 왜 이래야 하지? 라는 생각이 들었다. 정신없이 보내는 시간 속에 나를 되돌아볼 시간이 없었다. 그리고 그것이 당연한 것인 줄 알았다. 그렇게 일찍 나서고 늦게까지 일한다고 지금처럼 시간 외 수당을 준다거나 참 열심히 한다는 격려도 없어 보였다. 아마도 속으로는 그렇게 생각했을지 모르지만 직접 표현하고 격려해 주는 사람이 없었다.

그때 나는 정말 이대로 괜찮은 것인가? 심각한 고민을 했다. 그리고 학교 선배와 친구들에게 고민을 털어놓고 이것저것 방향을 탐색했던 것으로 기억된다. 그때 선배들이 좋은 격려의 말도 해주고 조언도 해주었다. 그 조언 중에 내가 위기탈출 방법으로 선택한 것은 전문가로서 나를 돌아보고 자극받을 수 있는 학습 기회와 동료들로부터 지지받고 함께 전문가로 성장할 수 있는 동아리 모임을 갖는 것이었다. 그리고 나는 그것을 통해 새로운 도전과 긍정적 변화를 만들 수 있었다.

두 번째 위기는 그 후로 6년쯤, 내가 직업생활을 한 것으로 보면 10년쯤 되는 해였다. 이후 결혼도 하고 자녀도 낳아 키우며 일상적이고 평범한 생활을 하고 있을 때로 기억된다. 매일 반복되는 생활들로 지루해지고 열정이 사라지고 있었다. 고민 끝에 새로운 도전으로 대학원 진학을 결심했다. 사실 세 명의 자녀를 키우느라 경제적으로 넉넉하지 않았으며, 아이들 셋을 키우며 고생하는 아내를 생각하면 그나마 저녁이라도 함께해줄 시간이 없다는 것이 미안했지만 이대로 이 위기를 넘기기에는 마음이 허락하지 않았다.

그런데 이 선택이 지금에서는 오히려 좋은 선택이었다. 그 선택을 통해 나는 스스로 전문가로서 더 자부심을 갖게 되었으며, 그 선택의 결과 나에게는 더 많은 기회가 만들어졌다. 몸은 더 바쁘고 힘들었지만 내게는 그전보다 더 큰 열정이 생기고 일상 중에서 활기를 찾게 되었다.

세 번째 위기는 그 후 7년 뒤에 왔다. 자의로 선택한 것이 아닌 환경의 변화로 새로운 직업을 선택해야 하는 위기였다. 그러나 난 그동안 내가 걸어온 길 속에서 전문가로서 자부심도 있었고, 또 최선을 다해 주어진 소명을 해왔기에 사실 크게 걱정하지는 않았다. 무엇을 하든 간에 내가 생각하는 전문직업인으로서 잘해낼 수 있을 것만 같았다. 그리고 선택의 기로에서 내가 잘할 수 있는 것, 그리고 좋아하는 선택을 했다.

누구에게나 위기가 찾아올 수 있다. 그렇지 않은 삶이 있다면 그것은 더없는 축복된 삶이겠지만 어쩌면 삶이라는 것이 무미건조한 일상이 되었을지도 모른다.

후배들에게 당부하고 싶은 것은 어떤 위기가 오든 간에 당당하게 마주하라는 것이다. 당당하게 마주하는 그 시간까지는 자신의 삶과 생활에 대해 좀 더 고민하고 생각하는 시간이 힘들고 어렵겠지만 회피하지 않고 정면 승부를 한다면 그 위기를 기회로 만들 수 있다. 어쩌면 좋은 결과를 만들지 못하더라도 그 시간이 인생에 있어서 가장 소중한 시간으로 기억될 수 있을 것이다. 그 결과는 시간이 지나고 한참 후에 확인할 수 있겠지만 확신할 수 있다.

지금 생각하면 나에게 그 시간들도 추억이 되었다. 그런 시간마저 없었다면 지금의 내가 있었을까? 하는 생각마저 든다.

위기를 기회로 만드는 것은 거저 얻어지는 것이 아니다. 지금 이 순간 내 주위에 있는 사람들을 보라. 바로 그 사람들이 그 위기의 순간에 나에게 힘이 될 사람들이다.

그리고 주어진 모든 것에 최선을 다하는 선택을 하라. 주어진 상황에서 최선을 다하기 어렵다면 선택하지 않아야 한다. 하지 않으니만 못하다면 위기의 순간에 기회로 만들 수 없다. 위기가 나쁜 결과만을 만들지 않는다는 확신이 있다면 새로운 기회로 만들 수 있다. 위기 앞에서 포기하는 순간 다른 기회는 만들어지지 않는다.

분명 위기는 기회가 될 수 있다. 그런 위기에 주변 상황에 대해 진심으로 고민하고 당당하게 맞서는 선택을 하길 바란다.

 4차 산업혁명시대 사회복지 실천가로 리모델링 하기

성과 좋은 직원과 협력하는 직원

성과와 협력이라는 두 가지만 놓고 본다면 조직에서 가장 좋은 것은 협력도 잘하고 성과도 잘 내는 직원이 최선일 것이다. 그러나 그렇지 않고 둘 중에 어떤 것에 우선순위를 둘 것인가 묻는다면 많은 분들이 고민하게 된다. 그리고 어떤 분은 그래도 성과를 내는 직원을 선택하겠다고 하고, 어떤 분은 성과는 좀 덜 낸다고 해도 협력하는 직원을 선택하겠다고도 한다.

나는 어떤 것을 선택해야 할까? 이런 고민을 해보면 나는 이제까지도 그랬고 앞으로도 굳이 따진다면 1%라도 협력을 더 잘하는 직원을 선택하고 싶다.

협력은 둘 이상이 짝이 되어 공동의 목적을 위해 파트너가 되어 함께 일하는 관계 또는 서로 도움이 되는 관계라고 할 수 있다. 이러한 협력관계는 공동의 목적도 있어야 하지만 역할과 나눔이 있고, 소통과 합의, 그리고 신뢰와 참여 등이 고르게 이루어져야 한다. 그렇기 때문에 혼자 어떤 결과를 내는 것보다 더 큰 것을 얻을 수 있으며, 혹여 이루어진 결과가 부족하다 할지라도 서로 비난하기보다는 격려하고 지지해 줄 수 있는 관계로 발전할 가능성이 크다. 그러나 혼자 이루어진 성과는 공동의 보람으로 느껴지기 어려울 것이며, 그 결과에 대한 실패에 대해서도 격려와 지지를 받는 것이 힘들 것이다.

현대사회는 네트워킹이 필요한 사회라고 말한 적이 있다. 미래사회가 바라는 인간관계는 협력을 통한 상생의 발전이다. 게임을 만드는 사람들의 필독서라고 알려진 『협력의 진화』를 저술한 미국 미시간대학교 정치학과 로버트 액설로드Robert Axelrod 교수는 경쟁과 이익이 지배하는 정글 같은 사회에서 최상의 생존전략으로 팃포탯tit-for-tat 전략이 필요하다고 했다. 팃포탯 전략은 개인, 단체, 국가 사이의 협력을 강화하는 메커니즘이다. 협력이 미래사회에 중요하고 그 협력을 더 강화하거나 협력을 회복하고 장기적 협력을 이끌어내기 위한 메커니즘에 대해 책에서 서술하고 있다.

또한 저명한 경제학상인 '레온티예프 상'을 수상한 경제학자 새뮤얼 보울스Samuel Bowles도 『협력하는 종A Cooperative Species』이라는 저서를 통해 인류는 그들이 처한 환경적인 재앙이나 다른 집단들과의 분쟁에서 살아남기 위한 방안으로 '협력하는 종'이 되었다고 말하고 있다. 인류가 살아가는 데 있어서 집단 구성원들 간

 4차 산업혁명시대 사회복지 실천가로 리모델링 하기

협력은 매우 중요한 요소이며, 이후 계속되는 역사 속에서 인간은 그와 유사하거나 또는 더 큰 협력 이득을 가져다주는 새로운 사회적이고 물리적인 환경들을 창출하고 있다고 말한다. 다시 말해서 인간은 협력을 실행하는 성원들이 더 많은 이익을 창출했다는 것이다. 인간이 때로는 매우 이기적인 동물임에도 불구하고 협력적일 수밖에 없는 이유가 여기에 있다.

우리는 여기에 그치는 것이 아니라 이기적인 사람들이 협력에 무임승차하려고 할 때는 그들을 벌하고, 혼자 성공한 사람들을 이기적인 사람이라고 생각하고 공동체에서 품어주기를 꺼려한다는 것이다.

그렇다면 우리의 선택은 자명해졌다. 성과를 잘 내는 사람을 선택할 것인가? 아니면 협력을 잘하는 사람을 선택할 것인가? 우리는 협력하는 사람을 선호하고, 또 그런 사람을 선택해야만 공동체의 이익이 더 증가하게 된다.

물론 이러한 극단적인 상황은 없을지 모른다. 그러나 우리는 조직의 발전과 지속가능한 성장을 위해서 협력을 잘하는 직원을 뽑아야 하며, 협력을 잘하는 구성원이 될 수 있도록 지도하고 가르쳐야 한다. 그것이 우리가 더 나은 사회를 만들어갈 수 있는 길이라 생각된다. 선택은 우리들의 몫이다.

05
CHAPTER

이분법적
사고를 피하라

믿음 가는 사람의 관계

직원들 중에는 참으로 믿음 가는 사람이 있다. 어쩌면 내가 해온 생활방식이 그러해서 더욱 믿음이 가는지도 모르지만, 곰곰이 생각해 보면 그러한 사람이 사회에서 주도적이고 긍정적으로 관계를 만들어 가는 사람이라는 생각을 하게 된다.

인터넷을 검색해보면 일본기업 중 성공신화로 유명한 전자부품 업체인 '일본전산'이라는 기업이 있다. 이 기업은 지금처럼 전산산업이 크게 융성하기 전인 1973년 나가모리 시게노부라는 사람이 허름한 3평짜리 창고에서 직원 3명으로 시작하여 30년 만에 계열사 140개, 직원 13만 명, 매출 8조 원의 일본 대표 기업으로 성장시켰다. 나가모리 사장의 전략은 직원 채용에 있었는데, 학벌이나 공부 잘하는 사람보다 개성 있고, 추진력 있는 사람이 회사에 도움이 된다는 생각으로 밥 빨리 먹기, 화장실 청소 잘하기, 목소리 크게 하기 등으로 뽑았다고 한다.

그리고 힘들 때 도망가는 사람, 자주 몸이 아파 쉬는 사람, 습관적으로 지각하는 사람, 남의 일처럼 논평하는 사람, 끝맺음이 어설픈 사람, 약속 못 지키는 사람 등은 단호히 해고했다고 한다. 한편으로 과하다는 생각도 해볼 수 있지만 그러한 철학이 지금의 기업을 만드는 결과였다는 것은 부인할 수 없다.

이런 생각을 하면서 나만의 믿음 가는 사람에 대한 가치관도 매우 비슷하다는 생각을 했다. 회사에서든 지역사회 단체나 협회의 일을 하면서도 다른 사람보다 조금 일찍 모임에 나와 준비하는 사람이 좋다. 그리고 모든 일을 다른 사람이 해야 하는 일처럼 의견을 내고 말하는 사람보다는 자신의 일처럼 이야기하고 참여하려는 사람이 좋다. 회사에서든 단체에서든 주도적 역할을 하는 사람이 좋은 것이다. 나는 그런 사람들에게 나의 신뢰를 주고 싶다.

돌이켜보면 나도 이왕 시작한 일은 좀 더 주도적이고 적극적으로 일하려고 했었으며, 내 역량을 발휘하지 못할듯하면 정중히 참여를 거절하곤 했다. 회사생활을 하면서도 누가 월급을 더 주는 것은 아니지만, 남들보다 좀 더 일찍 출근하여 하루를 준비하고 남들보다 조금 더 늦게 하루를 마무리했었던 것 같다.

직급이 올라가서도 궂은일이라도 늘 솔선해서 참여하려고 노력했으며, 나를 드러내는 것에는 늘 주저하곤 했다. 누군가는 그런 허드렛일은 권위가 떨어지니 그냥 두고 보라고 조언하기도 했지만

     4차 산업혁명시대 사회복지 실천가로 리모델링 하기

나는 오히려 하지 않는 것이 불편했다. 선배들의 조언이므로 때로는 조금 받아들이기도 했지만 마음은 불편했다.

나 스스로 부족하지만 늘 노력하는 사람이 되기 위해 애썼고 도움이 될 수 있고 재능이 쓰일 수 있는 곳이라면 기꺼이 수고를 아끼지 않았다. 물론 그때는 그것이 수고인지 모르고 당연해 해야 할 나의 몫으로 생각했다. 사람은 누구나 개인적으로 어려운 환경에 처할 수 있다. 그렇지만 그러는 중에도 시간을 쪼개면 자신의 역할을 찾을 수 있다.

지금도 후배들 중 바쁜 와중에도 틈을 내어 시간을 쪼개 자신의 역할을 찾는 사람이 있을 때, 그 사람에게 믿음이 간다. 그리고 그 역할들을 잘 해내는 모습을 보면 참으로 든든하고 힘이 된다.

사람은 시간이 없어서 안 된다고 하거나, 나는 할 수 없다고 하면 할 수 없다. 그러나 할 수 있다고 생각하면 반드시 하게 되어 있다.

관계에서도 마찬가지로 다른 사람보다 조금 먼저 노력해주고 다가가면 발전적 관계로 나아갈 수 있을 것이다. 남이 먼저 해주길 바라기보다 주도적으로 관계를 형성한다면 보다 좋은 관계가 될 것으로 확신한다.

세상을 보는 시각의 다양성을 키워라

언제인가, 내가 어렵고 새로운 기로에 들어섰을 때 마음잡을 곳이 없어서 책이라도 마음껏 읽어야겠다는 생각으로 인터넷 서점을 뒤적이다가 당시에 나에게 부족하다고 느꼈던 분야의 책을 발견하고 주문을 했다. 그 책은 『그 여자 정치적이다』라는 제목의 책이었다.

저자인 박재희는 세상 사람들이 그다지 좋아하지 않는 '정치적'이라는 말을 칭찬으로 생각하는 사람이었고, 오히려 '사람 참 좋아'라는 말을 욕만도 못한 위로의 말이라고 생각하고 있었다. 저자의 말이 전체적으로 전달하려는 의미가 무엇인지 그 한마디로 판단하지 않기를 바란다. 저자는 사회생활을 하다 보면 알게 되는 '일 잘하는 능력'과는 다른 차원의 대인관계 능력이나 네트워크 같은 것이 필요하다고 생각하는 것이다.

사회생활을 해본 사람이라면 어느 정도 그런 생각에 공감대를 가지고 있을 것이다. 나 또한 나의 정치적 판단능력이 부족한 점을 보완하고자, 책을 통해 더 배우고 싶었는지 모른다. 그러나 세상에는 정말 대인관계 능력, 네트워크를 잘해도 그것을 뛰어넘는 '정치적 결과'나 '정치적 성향'으로 인해 안 되는 것이 있는데, 그것이 다른 이의 '정치적 선택의 결과'였다는 것을 느끼면 때론 서글퍼진다.

그 책에서는 정치적이라는 말을 '소셜 센서빌리티 Social Sensibility' 즉, '사회적 감수성'이라 각색하고 남의 마음과 태도를 살피는 것이라고 해석한다. 역시 사회생활을 하는 사람이라면 그 의미를 알고 있을 것이다. 나 역시 남의 마음과 태도를 살펴왔다. 그러나 우리가 정말 살펴야 할 것은 '사회적 정의 Social justice'가 아닐까 생각한다.

정치의 한 갈래를 선택하는 것이 변화하는 상황과 맥락 속에서 사회적 성공을 위해 많은 도움이 되는 것은 어쩌면 사회적 현상일 수 있다.

사회적 정의와 자신의 윤리와 가치를 지키는 일은 중요하다. 이 것은 사회생활을 하면서 혹은 인생을 살아가면서 어느 자리에서 건 당당하고 빛나는 아름다움을 잃지 않기 위해서다. 사회적 성공을 하지 못하거나 정치적 선택을 잘하지 못하더라도, 다른 사람의 마음과 태도를 잘 살피지 못하고 행동하더라도, 성공을 위해 무엇이든 하겠다는 볼썽사나운 태도보다 사회적 정의와 자신의 가치를 지키는 일이 아름답지 않을까 생각한다.

그러나 쉽지 않은 선택이다. 왜냐하면, 내가 가진 사회적 환경과 주위 사람이 그렇게 내버려 두지 않는 경우가 있기 때문이다. 떠밀려서 혹은 어쩔 수 없다는 장막 속에 숨어서 본인보다는 사회와 다른 사람을 탓하기 때문이다. 그래서 늘 선택의 딜레마에 빠진다.

과연 우리는 어떤 선택이 옳고 어떤 선택이 그른지에 대해 평가를 할 수 있을까?

세상을 보는 시각은 아주 다양하다. 그리고 우리는 매 순간 선택의 기로에 서있다. 그 선택의 순간, 가장 큰 힘을 발휘하는 것은 '자신의 정체성'과 '사회적 가치가 어디 있는가.' 이다. 그래서 우린 정말 배워야 할 것이 많다.

우리는 그 책의 저자와 같이 20대에 이사, 30대에 사장, 40대에 회장, 그리고 우리나라 대통령까지 지낸 분의 비서로서 시작할 수 없다. 그래서 어쩌면 사회를 보는 시각과 가치관이 우리와는 많이 틀릴 것이라는 생각을 한다.

저자의 가치관이 나쁘거나 잘못되었다고 생각하지 않는다. 다만 세상을 보는 시각이 나와는 다른 듯하다. 그가 모셨던 분의 성공적 신화와 그로부터 배운 사회적 가치가 나와 다른 점이 많다는 생각을 해본다. 그래서 어쩌면 지금 내 나이에 내가 경험하지 못한 많은 것을 이루고 있고, 그것을 이루기 위해 열정을 쏟았으리라 생각한다.

 4차 산업혁명시대 사회복지 실천가로 리모델링 하기

인간을 '호모폴리티쿠스Homo politicus'라고 하듯 인간의 특질 가운데 정치를 통하여 사회생활을 이루어 가는 특질이 있는 것 또한 부인할 수 없지만, 사회적 성공이라 부르는 결과를 얻기 위해 정치적이어야 한다는 것에 전혀 동의하지 않는 것은 아니지만, 성공의 사다리에 성큼성큼 오르기 위한 정치적 선택은 사회복지사로서 선택하기는 쉽지 않아 보인다.

다시 말하면 사회복지사가 정치적 성향에서 완전 자유로울 수는 없고, 부인할 수도 없지만 성공을 위한 절대적 기준이 되어서는 안 되며, 특히 사회복지사가 자신의 가치를 지키며 오래도록 사회복지 현장에서 살아남기 위해서 다수의 사회복지사는 정치적으로 이분화된 사고방식은 벗어버려야 한다.

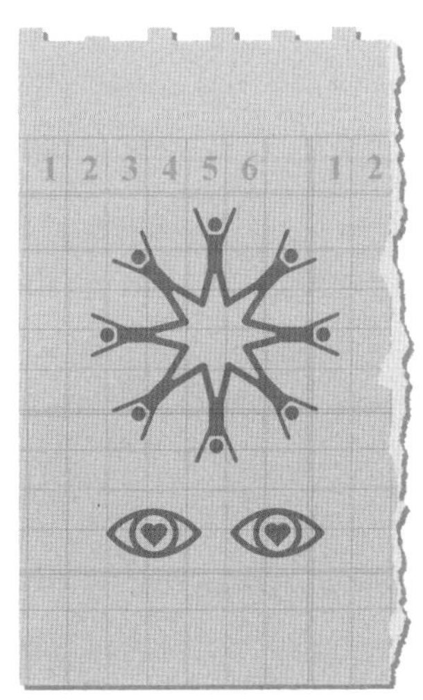

성공(success)과 성장(growth)

많은 사람들이 인생을 이야기할 때 '성공'해야 한다는 말을 자주 하곤 한다. 성공이란 무엇인가? 사전적으로 성공이란 '목적을 이룬다.'는 뜻을 가지고 있다. 통속적으로 이야기하면 한 사람이 사회적으로 부와 명예와 지위 등을 얻었을 때 그것을 성공이라고 말한다.

그런데 우리는 종종 '성장'이라는 말도 쓰곤 한다. 성장이란 무엇인가? 사전적으로 '사람이나 동물 따위가 자라서 점점 커진다.'는 말이며, 사회적으로 성장은 단순히 나이를 먹고 키가 크는 것이 아니라 더욱 단단한 개인이 된다는 뜻이다. 즉, 한 개인의 생각이나 경험이 많아지고, 능력이 향상되며, 더욱 굳건한 믿음과 의지가 단단해진다는 것이다.

그렇다면 우리는 성공과 성장 중에서 어떤 것이 중요하다고 생각하는가? 어쩌면 그래도 여전히 성공하고 싶다고 말하는 사람이 많을 것이다. 그러나 생각해 보면 한 개인의 성공은 성장이 바탕이 되지 않고서는 결코 강건해질 수 없다는 것을 깨닫게 될 것이다. 성공의 목적이 돈이 많은 부자라면 어쩌면 하루아침에도 그렇게 될 수 있을 것이다. 어떤 방법으로 그렇게 될 수 있느냐면 복권에 당첨되는 것이다. 그러나 그렇게 성공한다고 해서 그 성공이 진정한 성공이라고 말할 수 있을까? 내 속에 든든한 능력과 의지, 그리고 실행력이 없이는 그 부는 오래가지 못할 것이다.

현자의 말씀에 '성공은 가로막는 사람이 있을 수는 있어도 성장을 저지할 사람은 없다.'는 말이 있다. 이 말은 진정한 성공이란 자신의 잠재력을 끊임없는 노력으로 성장시켜 나갈 때 가능하다는 말이다. 즉, 성장을 통한 성공만이 지속적인 힘을 지니게 되고 더 나은 자신을 만들어갈 수 있다는 것이다. 이것은 복권당첨처럼 단번에 이루어 낼 수 있는 것은 아니다. 끊임없는 인내와 끈기, 그리고 노력만이 가능하게 한다.

그렇다면 다시 한 번 묻고 싶다. 성공과 성장 중에 우리는 무엇을 더 소중하게 여겨야 할 것인가?

나는 실패가 와도 굳건한 의지로 나아가며, 좌절할 때도 당당하게 마주하는 용기, 불행에도 치열하게 노력해 자신의 삶을 성장시켜 가는 사람이 되길 소망한다. 진정한 성공은 성장을 통해서 가능하다는 생각으로 자신을 성장시켜가는 사람이 되길 진심으로 응원해 본다.

직원에게 큰소리는 삼가라

선배로서 후배들을 대할 때 가끔은 나도 모르게 후배마다 대하는 방식이 다르다는 것을 직감적으로 느낄 때가 있다. 어떤 후배에게는 조용하고 부드러운 말로 이야기 하는가 하면, 어떤 직원에게는 거칠고 큰소리로 말하곤 한다. 또 후배들 중에도 부드러운 말로 대화를 하는 사람이 있었는데 어떤 사람에게는 거칠고 투박한 말로 대화하는 것을 보곤 한다.

어떤 것이 되었든 간에 후배들이나 직원에게 큰소리로 말하는 것은 가급적 삼가는 것이 좋다. 물론 화가 나고 잘 풀리지 않을 때는 나도 모르게 큰소리가 나오기도 하겠지만, 신경 쓰고 주의하면 훨씬 더 부드러워질 수 있다. 후배들이나 직원들도 불만에 차서 거칠게 선배나 상급자에게 표현하는 경우가 있는데 그때 상대방이 큰소리로 대응하면 그 대응은 점점 더 커지게 된다. 이때 조용하고 부드러운 대응이 상대방의 태도를 변화시킬 수 있다.

옛날 한 제자와 스승의 대화에서 우리가 왜 부드럽고 조용한 말로 대화해야 하는지 알 수 있다.

> 제자가 스승에게 "왜 사람들은 화가 나면 큰소리를 지르나요?"라고 물었다. 스승이 말했다. "화가 나면 서로의 가슴이 멀어졌다고 느끼기 때문이다. 그래서 그 거리만큼 소리를 지르는 것이다. 소리를 질러야만 멀어진 상대방에게 자기 말이 가 닿는다고 여기기 때문이다."라고 말했다.
>
> 그리고 계속해서 "화를 내며 계속해서 소리를 지르면 두 사람의 가슴은 더욱 멀어져서 마침내는 서로에게 죽은 가슴이 된다. 죽은 가슴에겐 아무리 소리쳐 말해도 소용이 없다. 그래서 더욱더 서로에게 소리를 지르게 되는 것이다."
>
> 이어서 말하길 "두 사람이 사랑에 빠지면 무슨 일이 일어나는가? 사랑을 하면 부드럽게 속삭이게 된다. 두 사람의 거리가 매우 가깝다고 느끼기 때문에 큰소리로 외칠 필요가 없는 것이다. 사랑이 깊으면 두 가슴의 거리가 사라져 속삭임도 필요 없는 순간이 온다. 두 가슴이 완전히 하나가 되기 때문이다. 그때는 바라보는 것만으로도 충분하다. 말없이 이해하는 것이다."

이처럼 직장에서 선배와 후배, 그리고 상급자와 하급자 간의 대화에서도 우리는 가슴에서 멀어지지 않는 대화를 해야 한다. 가슴에서도 멀어지면 우리가 조직 내에서 만들어가야 할 많은 것들이 원활하게 돌아가지 않는다. 그러나 이 변화를 가져오는 첫 시도는 조직의 특성상 선배 또는 상급자가 먼저 해야 한다. 직장 내에서 변화를 리드하는 것은 열린 마음으로 모든 것을 바라보고 조금 더 긍정적으로 후배들과 직원들을 바라보는 소위 윗전들이 먼저 해야 하는 것이다.

  4차 산업혁명시대 사회복지 실천가로 리모델링 하기

준비성을 갖추자

사회복지서비스를 제공하기 위해 우리는 늘 계획하고 실천하고 평가하는 일들을 한다. 성공적인 마무리를 하기 위해서 우리가 가져야 할 중요한 것 중에 하나가 자신감이라 할 수 있다.

자신감Self-confidence은 어떠한 것을 할 수 있다거나 경기에서 이길 수 있다 혹은 경기를 잘할 수 있다는 등에 대한 자신의 느낌이다. 자신감의 정도는 현재의 경기 수준에 대한 가장 좋은 예측 수단으로 승패 가능 여부에 대하여 자기 자신이 가지는 느낌이나 심상을 말하는 것이다. 모든 행위의 성공적인 마무리를 위해 출발선에 선 사람들이 가져야 할 중요한 자세가 자신감이라고 할 수 있다.

자신감을 가지지 못한 사람은 어떤 행위에 있어 두려움이 있으며, 두려움은 성공적인 결과를 만들어 내는 데 걸림돌이 된다. 그렇다면 이러한 자신감은 어디에서 오는 것일까? 나는 철저한 준비성에서 온다고 생각된다. 우리는 어떤 사업을 계획하면서 그냥 아무렇게나 진행하지 않는다. 특히 조직 내에서는 더욱 그렇다. 사회복지시설이나 기관에서도 서비스를 제공하기 위해서 사전에 계획서를 작성하게 되는데, 이 계획서라는 것이 그냥 만들어지지 않는다. 철저하게 분석하고 검토하고 절차별로 점검해 가면서 실행하게 되어 있다. 거기다가 절차에 따라 팀장, 과장, 국장, 관장 등 상급자에게 검토를 받고 피드백feedback을 받으며 계획서를 수정하면서 만든다. 바로 이러한 절차가 준비단계, 즉 준비성이라고 할 수 있다. 준비성readiness은 반응의 준비태세가 갖추어져 있는 상태를 의미하는 것으로 단순히 이러한 서류화된 것만을 의미하지는 않는다. 생리적 요인과 심리적 요인 그리고 경험적 요인 등이 필요하다.

생리적 요인이라는 것은 감각기관이나 중추신경계 등의 성숙한 상태를 말하는 것으로 어떤 일을 하기 위한 신체적 건강성을 말한다. '건강을 잃으면 모든 것을 잃는 것이다.'라는 말이 있듯이 자신의 건강을 제대로 관리하지 못한 사람은 준비성이 없는 사람이며 이러한 사람은 어떤 실행에 있어서 성공적인 마무리를 하는 데 걸림돌이 될 수 있다.

심리적 요인은 정신발달, 동기형성, 정서적 갈등에서 심리적 장애를 극복하거나 심리적으로 안정된 상태 등을 말한다. 어떤 행위를 하는데 동기형성 없이 서비스를 제공하거나 사업을 추진한다는 것은 겉치레에 불과하다. 진심으로 실천할 때 결과도 좋고 또 그에

 4차 산업혁명시대 사회복지 실천가로 리모델링 하기

따른 보람도 배가 될 수 있다. 또한, 심리적으로 늘 평온한 상태를 유지하는 것은 매우 중요한 준비성 중에 하나라고 할 수 있다.

경험적 요인은 우리가 학습한 경험이나 개념에 기초하거나 실제 현장 경험을 통해 얻게 되는 많은 것을 의미한다. 그렇기 때문에 지속적으로 간접적 경험을 위해 학습하고 배워야 하는 것이며, 할 수 있다면 다양한 실천경험을 얻기 위해 자신의 시간과 노력을 투자해야 한다.

이러한 준비성이 잘 갖추어진 사람이라면 어떠한 과제가 주어져도, 그리고 내가 해야 할 일이 어떤 것이라 해도 자신감을 가지고 실천할 수 있으며, 그 자신감이 성공적인 결과를 만들어가는 큰 주춧돌이 될 것이다.

후배들에게 하고 싶은 말은 항상 완벽하게 준비할 수는 없겠지만 가능한 무엇인가 준비하는 실천가가 되었으면 한다. 준비된 사람만이 기회가 왔을 때 그 기회를 잡을 수 있는 것이며, 준비되지 않은 사람은 그 기회가 와도 잡을 수 없다. 혹은 그 기회를 잡을 자신감이 없어 그냥 지나가는 것을 지켜봐야 하는 것이다. 끊임없이 준비하는 사람이 무엇인가 할 수 있는 기회를 가지게 될 것이다.

자발적인 사람이 되자

우리는 사회생활을 하면서 나의 일이 아니면 간섭하지 않으려 들거나 직장 내에서도 자신의 업무가 아니면 '누군가 하겠지.'라고 생각하며 행동하곤 한다. 사회복지 현장에서도 그런 행동을 흔하게 목격할 수 있다. 그러나 우리가 하는 일은 '나의 일'과 '다른 사람의 일'이 모호하거나 협업이 필요한 경우가 있다. 물론 업무분담을 통해 각자의 업무에 대해 나눔이 있지만, 인력과 예산이 부족한 사회복지 현장에서 내일과 다른 사람의 일이라는 이분법적 사고는 조직의 발전에 도움이 되지 않는다.

다른 말로 표현하면 어떤 일에서든 자발적으로 참여하는 사람이 되어야지 누군가 시켜서 일해서는 안 된다는 것이다. 업무를 하다 보면 나의 업무는 어느 정도 마무리가 되어 잠시 여유를 가질 때도 있다. 물론 그 여유를 즐기며, 차를 한잔 마시거나 인터넷 서핑을 한다고 해서 그다지 나무랄 사람은 없다.

그러나 내 옆에서 시간에 쫓겨 일하는 동료를 보면서도 나의 여유를 즐기는 사람은 계속 똑같은 위치일 것이다. 더 성장하기 위해서는 일하는 동료에게 다가가서 혹시 도와줄 일이 없을지 묻고 함께 하려는 사고를 가져야 한다. 이러한 사람이라면 먼 훗날의 위치는 지금과 많이 달라질 것이다.

> 한 기업에서 직원을 채용하기 위해 모집공고를 냈고, 많은 사람들이 지원했다. 회사의 사장은 지원자들이 지나는 회사 복도에 일부러 통행에 방해되는 물건을 쓰러뜨려 놓고 지켜보았다. 지원자들 모두는 요령껏 피해 면접장으로 가는데 단 한 명만이 그 물건을 옆으로 치워놓고 면접장으로 향했다. 그 모습을 지켜보던 사장은 바로 그 사람을 채용했다.

어디에 있든지, 무슨 일을 하든지 대충하려 하지 않고 일을 찾아서 하는 사람은, 모든 사람에게 인정을 받는다. 또 인정받은 만큼 그에게는 중책이 맡겨질 수 있다. 다른 부서의 부수적인 일을 도와주며 업무를 조금 더 배울 수 있는 기회가 될 것이며, 능력을 성장시키는 데 큰 힘이 될 것이다.

지금 일이 없다고 그냥 시간을 보낼 것이 아니라 상급자가 되었든지 동료가 되었든지 찾아가서 내가 할 일이 없는지 물어보는 것

 4차 산업혁명시대 사회복지 실천가로 리모델링 하기

도 일을 찾아서 하는 사람들이다. 이러한 사람이 자발적인 사람이다. 더불어서 내 일 중에서도 지금 하고 있는 일뿐만 아니라 지금은 하지 않지만 자신의 일과 관련된 것을 이곳저곳에서 찾아서 만들어가는 사람도 일을 찾아서 하는 사람이다.

외부에 공모사업을 준비하든, 다른 조직과 연계사업을 계획하든, 내가 하는 일의 목적에 부합하는 것을 찾아나서는 사람이 된다면 자신의 부족한 부분을 채우고 능력을 발전시킬 수 있다. 그러한 능력은 곧 조직을 발전시키게 되며, 그 결과는 자신의 성장과 발전으로 돌아올 것이다.

누가 시키지 않아도 다른 직원보다 조금 일찍 출근하여 사무실 정리를 한다거나 조금 늦게 퇴근하면서 정리를 하는 것도 자발적인 사람이다. 이런 사람은 누구보다 좋은 인상을 심어주고 조직에서 성장하게 될 것이다.

스스로 노력하는 자발적인 사람이 되기를 바란다.

이분법적으로 생각해야 할 것을 지켜라

많은 것이 갈라놓을 수 없는 중간이 있기 마련이다. 그러나 반드시 이것저것을 가려야 하는 것도 있는 법이다. 직장 생활을 하다 보면 소위 잔머리 굴리는 이런 직원도 있다. 예를 들면 기관이나 시설에서는 빈번하게 우편물을 보내고, 때에 따라서는 상품 배송도 하게 된다. 그런데 직원 중에는 개인적인 일을 기관이나 시설의 우편발송이나 배송에 '끼워 넣기'하는 경우가 있다.

금전적으로 적은 금액일지 모르지만, 경험 있는 상급자나 동료 중 누군가는 눈치채고 있다. 한두 번쯤은 그러려니 하고 눈감아 줄 수 있겠지만 정도가 빈번해 지고 심해질 때는 결국 개인에게 불이익으로 다가올 수 있다. 어떤 때는 각자 담당한 사업 프로그램 진행 시에 허위로 영수증을 첨부하거나 사업예산으로 개인 물품을 비용 처리하는 경우도 있을 수 있다. 그리고 정산항목에 교묘하게 끼워 넣는 방법을 사용한다. 이러한 작은 속임수는 점점 대범해지기도 하며, 꼬리가 길어지기도 한다. 그 결과는 우리가 상상하는 일들이 일어난다.

적은 돈에 치우치지 말자. 그로 인해 개인의 신용은 땅에 떨어질 것이며, 더 심하게는 아마도 그 직장에서 생활하기 어려워질 수 있다. 이러한 경우 우리는 반드시 이분법적으로 사고해야 한다. 기관이나 시설, 직장의 돈은 공적인 것이요, 나의 비용은 사적인 것이다. 이것을 구분하지 못하면 안 된다. 반드시 구분해야 하는 일 중의 하나이다.

그렇다면 이런 작은 실수나 공적인 비용을 유용하는 것을 없애기 위해서 어떠해야 할까? 잔머리를 굴려 회사 돈으로 개인적 이익을 보는 것이 아주 적은 금액이면 아무도 알아채지 못할 것이라는 요행을 가져서는 안 된다. 동료나 상사나 모두 둔한 분들이 아니다. 그리고 눈은 어디에고 존재한다.

공과 사는 명확히 구분하려는 마음가짐을 가져야 한다. 오랜 시간 일하다 보면 작은 악마가 당신을 유혹하기 시작한다. '이 볼펜은 집에 가져가도 좋아.', '이 복사지 한 묶음 정도는 써도 좋아.' 그러나 이런 잠시의 작은 이익이 인격을 깎아내리고 신뢰를 잃게 만든다는 것을 기억하자. 이러한 생각은 우리 사회의 어느 곳에서나 적용되는 원칙이 되어야 한다. 우리 공동의 것은 공동체가 사용할 수 있도록 해야지 개인의 몫으로 가져가서는 안 된다.

나의 것과 공동의 것. 이것이 이분법적으로 사고해야 하는 일 중에 중요한 것이다.

권리와 책임에 대한 생각

두 종류의 생각들 중에서 가장 많이 언급되는 것 중에 하나가 권리Right와 책임Responsibility이 아닌가 생각된다. 인간은 태어나면서부터 가지고 있는 천부적인 권리인 인권에서부터 시작하여 다양한 곳, 다양한 분야에서 인간으로서 또는 각각의 지위에 따른 권리가 있다. 원론적인 이야기겠지만, 모두가 알고 있듯이 권리와 더불어 쌍벽을 이루는 것이 책임이다. 책임에는 도덕적 책임, 법률적 책임, 그리고 일반적으로 업무상 부여되는 책임 등이 있다.

직장을 다니다 보면 가끔은 책임을 다하지 않고 자신이 가지고 있는 권리만 누리려고 하는 사람들을 보곤 한다. 달콤하고 편안하게 지위를 누리면서도 그에 따른 책임을 다하지 않는 것이다.

꽤 오래전 영화 중에 〈브루스 올마이티Bruce Almighty, 2003〉라는 영화가 있다. 짐 캐리가 주인공인 코미디 영화다. 주인공 브루스

짐 캐리는 뉴욕 버펄로 지방 방송국의 리포터로 자신의 모습에 대해 늘 불만이 쌓여 있다. 그러던 어느 날 앵커 자리가 앙숙이었던 라이벌에게 돌아가자 시청자 앞에서 욕을 퍼붓다가 방송국에서 쫓겨나게 된다. 설상가상으로 건달들에게 몰매도 맞는 등 좋지 않은 일들이 반복되자 하늘을 향해 삿대질하며 원망한다.

그러던 중 어느 날, 정체불명의 청소부^{모건 프리먼}를 만났는데, 그는 자신이 신이라고 말한다. 청소부는 브루스의 원망에 응답해 브루스에게 전지전능한 힘을 주고, 얼마나 더 나은 세상을 만들 수 있는지 보자고 했다. 브루스는 그것이 꿈이 아님을 알게 되고, 전지전능한 힘을 엉뚱한 곳에 휘둘러 대기 시작한다. 그리고 엄청난 힘이나 권한에는 의무도 따른다는 것을 배운다. 모건 프리먼은 이런 이야기를 한다.

"사람들은 기적의 능력을 갖고서도 나한테 소원을 빌어."
"하느님이 사랑을 달라고 하면 뿅하고 사랑하는 감정을 주실까?"
"기적을 보고 싶나? 자네 스스로 만들어 봐."

직장에서도 자기보다 높은 권위와 지위를 준다면 당장이라도 할 것처럼 말하는 사람들이 있다. 그러나 브루스처럼 그 권한을 주면 망설임 없이 받아들이고 잘해나갈 수 있을까? 아마도 대부분의 사람이 '나라면 더 잘할 수 있겠다.'고 큰소리치겠지만, 막상 주어진다면 자신이 없어 하거나 심지어 도망칠지도 모른다. 우리들의 미래는 철저하게 준비되지 않으면 감당할 수 없는 것이 너무나 많다.

직업 생활 중 많은 권리들이 있다. 그러나 그 권리를 주장하기에 앞서 조금 더 책임을 다하는 사람이 되는 선택을 하는 것은 어떨까?

어쩌면 더 많은 동료들이 저 사람만 아니면 우리 조직이 더 재미있게 일할 수 있고, 더 화합할 수 있으며, 더 많은 일들을 순조롭게 할 수 있겠다고 생각하고 있는지도 모른다.

 4차 산업혁명시대 사회복지 실천가로 리모델링 하기

결과에만 관심을 두지 마라

최근 들어 우리 사회복지 분야에도 성과주의가 대두되고 있다. 그에 따라 자금소유의 목표와 이들의 달성을 위해 제안되는 여러 계획비용, 그리고 각 계획 하에서 수행되는 성과와 작업의 양적측정 자료가 표시되는 '성과주의예산'도 화두이다.

이러한 성과주의는 자원의 효율성과 효과성을 고려해 관리적 측면에 초점을 둔 예산 제도이다. 성과주의는 계획한 사업의 목적과 성질 그리고 그것에 드는 비용을 파악하기 쉽다거나, 예산편성에 있어 자금배분을 합리화할 수 있고, 예산 집행에 있어서도 신축성을 기할 수 있다는 장점이 있다. 반면에 수량적으로 나타낼 수 없는 업무성과에 대한 측정 단위를 선정하기 어렵다거나 업무측정 단위를 단위 원가로 산정하기 어렵다는 단점도 있다.

사회복지사업의 경우, 상당 부분이 단위 원가로 산정하기 어려운 것이 많다. 사람들의 만족도, 가능성, 정서적 변화 등을 모두 단위 원가로 계산하는 것은 아직도 어려움이 많다.

바로 이러한 점 때문에 사회복지 분야는 결과에만 관심을 두어서는 안 된다. 사회복지사 한 명, 한 명이 서비스를 제공하기 위해 애쓰는 모든 과정에도 의미를 두고 격려와 지지를 보내야 할 필요가 있다는 것이다.

내가 아는 선배님 중에는 말씀하실 때마다 '어차피'라는 단어를 자주 사용하는 분이 있다. 일반적으로 '어차피'라는 용어는 '이렇게 하든지 저렇게 하든지, 또는 이렇게 되든지 저렇게 되든지.' 결과는 이러하다는 결과를 중심으로 이야기하는 다소 부정적 용어처럼 들린다. 예를 들면 "어차피 안될 텐데 시작하면 뭐해요.", "어차피 불가능한 일이야."와 같은 의미로 주로 사용되고 있다.

그러나 우리들이 많은 경험을 했듯이 해보지 않는다면 결과도 없는 것이다. 그리고 최선을 다해 도전한다면 결과가 좋지 않더라도 그 과정 자체가 큰 의미를 가지고 있다.

우리가 인식하고 있는 많은 이분법적 생각 중에 특히 결과만 중요시하는 사고는 하루라도 빨리 벗어 버리지 않으면 안 된다. 프로그램의 과정 속에 동기부여가 되고 삶의 의미를 느끼는 많은 사람들을 소중히 생각하는 자세가 필요하다.

일만 하는 사람이 되지 마라

일과 여가 중에 여러분들은 지금 어느 것이 더 중요하다고 생각하고 있는가?

나는 사실 취업 후 일이 전부처럼 느껴졌다, 아니 좀 더 정확하게 말하면 일이 전부가 아니라는 것은 알고 있었지만 해야 할 일이 많아서 하루의 대부분을 일하면서 보냈다. 여가는 그다음 순위였다. 내가 해야 할 일을 하지 못하면 마음이 편치 않았다. 기관에서 내가 처리해야 할 일이 너무 많아 힘들다는 것을 알았지만, 구조적으로 어떻게 해결할 방법이 없었다.

과거에 내가 해야 하는 업무는 차량운행, 이용자 상담, 방과 후 학습교실 운영, 행정업무까지 혼자서 감당하기에는 부담이 많은 업무량이었다.

사회복지사들에게 소진이 발생하는 원인 중에 가장 큰 부분이 행정업무량의 과다라는 통계도 있다. 그렇게 일에 묻혀 30대를 보냈다. 그리고 결혼도 하고, 아이들이 태어나면서 집에서는 불만이 늘어가기 시작했다. 나 스스로의 생활에도 변화가 필요했다.

나는 선택해야만 했다. 일만 최우선으로 두고 생활할 것인지? 아니면 가족들과 함께 공생하는 방법을 택해야 할지. 결론은 이미 알고 있었다. 일만 최우선으로 두어서는 안 된다는 것이다. 그것을 선택한 것이 40대 초반이다. 그리고 가족과 함께 시간을 보내면서 소원했던 아내와 가까워지기 시작했고, 아이들과도 즐거운 생활을 만들어갈 수 있었다.

최근 후배들은 가정과 회사를 아주 잘 공유하면서 생활하는 듯하다. 맞벌이를 하면서 아이들을 유치원에 보내고 퇴근 후 바로 집으로 가서 아내와 가사를 분담하며 함께 하고 있다. 그러나 여전히 과거 나의 후회스러운 일을 답습하고 있는 후배들도 적지 않다. 과거의 나와 같이 기관이 처한 환경이 다른 기관에 비해 열악하여, 쉽게 다른 동료들처럼 가정과 함께할 수 있는 시간을 좀처럼 배려하지 못하는 후배들이 많다.

그런 어려운 환경에도 불구하고 그 상황을 벗어나서 조그만 행복을 찾을 수 있는 선택은 여전히 자신에게 있다. 나 또한 어렵지만 함께하는 선택을 했다. 그런데 불가능할 것 같던 상황이 가능해지더라는 것이다. 문제는 바로 선택하지 못하는 자신에게 있었던 것이다. 예시로 적절한 이야기가 있다.

멕시코 작은 어촌 마을을 지나던 미국인 관광객이 고깃배가 한 척 들어오자 생선을 보고 찬사를 보내며 이만큼 잡는 데 얼마나 걸리는지 물었다.

"오래 안 걸려요."

"그럼 바다에 더 오래 나가서 더 많이 잡지 그래요?"

"이만큼만 잡아도 가족과 먹고사는 데 지장이 없어요."

"그럼 나머지 시간엔 뭐하세요?"

"늦게까지 자고, 물고기 좀 잡고, 자식 놈들과 놀아주고, 아내와 낮잠을 즐기죠. 해가 지면 마을에 가서 친구들과 어울려 몇 잔 걸치고, 기타 튕기면서 노래 몇 가락 뽑다 보면 하루가 가요. 아주 알찬 인생이죠."

"난 하버드 MBA입니다. 내가 방법을 알려드리죠. 일단 매일 고기 잡는 시간을 늘려요. 남는 생선을 팔아서 모은 돈으로 더 큰 배를 사요. 계속 그렇게 늘려서 저인망어선 선단을 꾸리는 겁니다. 그쯤 되면 생선을 중간상인에게 넘기는 대신 가공처리 공장과 직거래할 수 있고, 여차하면 가공처리 공장을 직접 세울 수 있습니다. 그리고 이 작은 마을을 떠나 멕시코시티로, LA로 이주해요. 거기서 사업체를 운영하면 돼요."

"그때까지 얼마나 걸리죠?"

"한 20년? 25년?"

"그다음 엔요?"

　4차 산업혁명시대 사회복지 실천가로 리모델링 하기

"그다음부터 진짜로 재미있어져요."

미국인은 신나게 웃으면서 말했다.

"사업체가 커지면 회사를 상장하고 주식을 팔아서 천문학적인 액수를 만질 수 있어요!"

"천문학적인 액수요? 정말요? 그다음 엔요?"

"그다음엔 은퇴해서 어느 바닷가 작은 마을에 집 한 채 마련해 놓고, 늦게까지 자고, 손주들 재롱이나 보고 물고기나 몇 마리 잡다가 부인과 낮잠을 즐기는 거죠. 해가 지면 노래하고 기타 치면서 친구들과 신나게 놀고요!"

어부가 말했다.

"전 이미 그렇게 살고 있는데요."

이제 독자들이나 내가 선택해야 하는 것은 명확하다. 먼 미래에 낮잠을 즐기고 노래도 하고 친구들과 신나게 노는 것이 중요한 것이 아니라 당장 그것을 할 수 있다면 바로 선택을 해야 하는 것이다.

행복과 즐거움은 늘 우리와 공존해 있어야 한다. 우리는 그런 선택을 해야 한다. 인생의 성취감, 그리고 우리가 놓치고 있는 귀중한 어떤 것들이 우리의 선택에 달려있다는 것을 지금 깨닫길 바란다.

동료를 좋은 사람과 나쁜 사람으로 구분하지 마라

우리는 종종 주변 사람을 볼 때, 좋은 사람 또는 나쁜 사람이라고 구분 짓곤 한다. 물론 이에 따라 동료도 좋은 사람과 나쁜 사람으로 구분 짓는 경우가 있다. 관리자가 지원을 좋은 사람과 나쁜 사람으로, 직원들은 상사를 좋은 상사와 나쁜 상사로 구분 짓는 것도 같은 맥락이라고 생각된다.

사람을 선과 악으로 구분할 수 있을까? 많은 사람들이 경험하고 느끼고 있겠지만 사람들은 양면성을 가지고 있다. 늘 선한 일을 하는 듯한 사람들도 익명이 보장되거나 또 다른 장소에서는 악한 사람들의 행동을 하기도 하며, 늘 악한 일을 하는 듯한 사람도 어떤 경우에는 남을 돕고, 남에게 양보하는 모습을 보일 때가 있다.

물론 일반적인 2:6:2의 법칙처럼 늘 한결같이 선한 사람도 있을 것이고, 늘 악한 사람도 있을 것이다. 세상에는 다양한 사람들이 살아간다.

우리가 잊지 말아야 할 것은 사람을 있는 그대로 볼 수 있는 안목이 필요하고 어떤 편견을 가지고 내 주위의 동료나 선배^{상사}, 그리고 후배^{하급자}를 바라보는 생각에서 벗어나야 한다는 것이다.

직원 중에 늘 얌전하고 조신한 사람이 있었다. 그래서 그 사람에게는 다른 사람들을 만나서 제안하거나 우리의 협력자로 끌어들이는 일을 시키는 것이 부담스러웠다. 그런데 어느 날 그 직원이 다른 사람들에게 기관의 장점을 잘 설명하고 많은 사업 중에서 가장 적절한 봉사자로 일할 수 있도록 상담하는 모습을 보고 놀란 적이 있다.

사람들은 누구나 양면성이 있어서 충분히 어떤 일을 할 수 있는 가능성을 가지고 있다. 그래서 단편적이지 않게 넓은 시야로 바라봐야 한다.

나도 때로는 직원들을 평가하곤 한다. 그리고 내가 살펴본 측면으로만 평가할 때가 있다. 그러나 얼마 지나지 않아 '이 친구에게 이런 면이 있었네.'라는 것을 느낄 때가 있다.

인간은 살아있는 유기체다. 인격도 어쩌면 고정된 것이 아니라 움직이는 유기체와 같다. 그렇기 때문에 기준을 정해버리면 실제 모습을 볼 수 없을지 모른다.

나도 실수할 때가 있다. 그리고 부족함이 많은 사람이다. 그래서 동료나 직원들의 이야기를 들어가며 의사결정을 하려고 노력한다. 또한, 가능하면 단편적으로 직원들을 평가하지 않으려고 당사자 이야기에도 귀를 기울이고, 또 다른 동료들의 이야기도 들으려고 애쓴다. 그럼에도 불구하고 아마도 많은 직원들이 그런 노력들을 알아채지 못할지도 모른다. 마찬가지로 나도 그들의 다양한 노력을 알아채지 못하고 있을지도 모른다.

우리는 아직 완벽한 존재가 아니다. 어쩌면 선함과 악함으로 나누기보다는 선함과 악함 사이의 다양한 모습이 내재된 채 살아가고 있는 것인지 모른다.

현재의 나의 선한 실천이 상황이 바뀌거나 누군가 없을 때는 정반대로 행동할 때가 있을 것이며, 또한 그 반대의 경우도 있을 것이다. 그렇기 때문에 둘 중에 하나로 이분화해서 단정 짓는 것은 우리가 늘 경계해야 할 것이다.

     4차 산업혁명시대 사회복지 실천가로 리모델링 하기

직장인과 직업인 중 무엇을 선택할 것인가?

얼마 전[8] 잡코리아에서 발표한 우리나라 남녀 직장인이 예상하는 본인의 퇴직 연령은 평균 51.07세라고 한다. 이 중에서 특히 여성 직장인[49.9세]이나 대기업 근무자[49.8세], IT직에 종사하는 직장인이 체감하는 자신의 퇴직연령은 상대적으로 더 낮았다.

이것은 2014년도의 평균 퇴직연령 52.7세보다 1.63세 낮아진 것이었다. 사회복지 분야의 경우 특수직종이라는 전문직으로 일반 직장보다는 일반적으로 퇴직연령이 높다고 볼 수 있지만, 요즘처럼 복잡한 사회에서 사회복지 분야도 조기 퇴직의 움직임에서 자유롭지 못하다.

그렇다면 직장은 우리에게 어떤 의미인가? 현재 직장이 있다는 것이 우리들의 삶에 행복을 가져다주고 있는가? 아마도 회의적인 사람이 많을 것이다. 그렇다면 직업이라는 것은 어떤가?

---

8 잡코리아, 2017.4.17일자 발표. (뉴시스(www.newsis.com)

사전적으로 직장^{Workplace}은 '사람들이 일정한 직업을 가지고 일하는 곳'이라고 한다. 직업을 가지고 매일 나가는 조직^{기업이나 사무실}을 말하는 것이다.

직업^{occupation}은 '살아가는 데 필요한 돈을 벌기 위해 자신의 적성과 능력을 고려하여 어떤 일에 일정 기간 이상 종사하는 것'으로 정의되어 있다. 다른 이야기로 말하면 직장을 다니는 상태가 아니라 조직을 떠나서 어떠한 곳에서도 독립적으로 활동할 수 있는 기술을 가진 상태를 말한다. 사회적 개념으로는 분업화된 현대 사회에서 인간이 생활의 물적 기초를 마련하기 위하여 전문적으로 행하는 생업을 말하는 것이다.

그렇다면 우리는 직장인이 되어야 하는가? 아니면 직업인이 되어야 하는가?

우리는 직장인이 아니라 직업인을 선택해야 하는 것이다. 그런데 현장의 선배나 후배들 중에는 사회복지사라는 전문 직업인이 아니라 그저 사무실을 왔다 갔다 하는 직장인이 수없이 많은 듯하다.

사회복지 현장도 누구나 다 할 수 있는 것은 아니다. 직업이라고 하는 것이 자신의 적성과 능력에 맞아야 행복하게 실천할 수 있다. 능력이야 훈련과 경험을 통해 확장시켜 갈 수 있지만, 적성이라는 것은 쉽게 확장되지 않는다. 물론 끊임없는 노력으로 맞지 않던 적성이 견딜만한 수준으로 확대되기도 하지만 마음 한구석에는 늘 불편함이 있기 마련이다. 그래서 작은 충격에도 후회가 밀려오고 자괴감도 들어 쉽게 소진되곤 한다.

나는 새내기 후배들에게 종종 이런 말을 하곤 한다. 사회복지 분야는 매우 많고 넓다. 그러나 처음 3년 정도는 일반적인 수준에서 훈련을 받는 기간이라고 생각하고 열심히 배우고 실천해야 한다. 그리고 혹시라도 이 분야가 적성에 맞지 않거든 새로운 분야를 탐색하고 다른 분야로 전직하여 스스로가 행복할 수 있는 분야를 선택하라고 말한다. 노인 분야가 맞지 않으면 장애인 분야나 청소년 분야로 옮기라고 한다. 그것도 아니라면 공공분야의 전담 공무원에 도전하거나, 학교사회복지나 정신보건, 의료분야 사회복지 전문 직업인도 있다고 말해준다. 그 밖에도 기업복지 분야도 최근에는 많이 확대되어 기업의 사회공헌 분야나 지원 재단도 도전해볼 가치가 있다고 말한다.

어쨌든지 간에 현재 곳곳에서 사회복지의 전문가로 활동하는 많은 분들에게 30대 초반까지 혹은 늦어도 30대 중반까지는 스스로가 기쁨을 느끼며 지속적으로 활동할 수 있는 직업을 찾기를 권한다. 물론 40대 50대에 사회복지 분야에서 처음 시작하여 훌륭하게 직업인으로 생활하는 분들이 많이 있지만, 일반적으로 이것을 목표로 도전하라고 이야기하기는 한계가 있다. 이러한 분들은 예외로 생각한다. 그것을 일반적으로 적용하고 자신에게 적용시키는 것은 그렇게 바람직하지는 않다.

그래서 40대 중반 이후에는 관련 분야에서 자기만의 직업인이 되기 위한 경험을 지속적으로 쌓아야 한다. 그리고 40대 중반 이후에는 자기만의 직업인으로 독립적으로 자율적인 활동까지 가능한 전문가가 되어야 한다. 이러한 목표가 있어야만 직장에서도 더 오랫동안 활동할 수 있다.

다시 말하지만, 그저 왔다 갔다 하는 직장인이 되지 말고 직업인이 되길 바란다. 직업인이 되기로 선택했다면 30대 초반까지 탐색 기간이라고 생각하고 다양한 경험을 하고 그 이후에는 사회복지 분야도 전직이 쉽지 않으니 지속적으로 활동할 수 있는 한 분야를 선택하고 선택한 분야에서 40대 중반까지 독립적인 전문가로 인정받을 수 있도록 노력하라. 그것이 직장에서도 인정받고 성장하는 기반이 될 것이다.

사회복지 분야도 최근 벤처 사업가처럼 독립적인 활동에 도전하는 선후배들이 있는데 참으로 그 분야의 독립적인 전문가로 인정받을 수 있는 분들이다. 나는 그런 후배들이 많이 배출되길 기대해 본다.

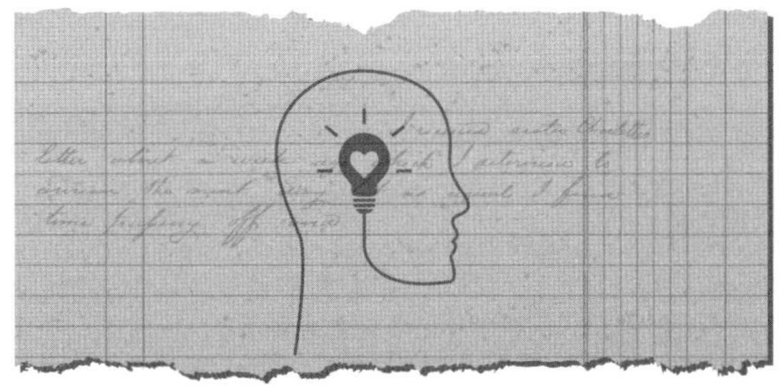

   4차 산업혁명시대 사회복지 실천가로 리모델링 하기

4차 산업혁명시대 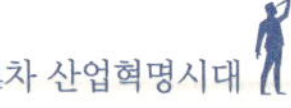

사회복지 실천가로 리모델링 하기

초판 1쇄   2017년 08월 25일

지은이   최경규
발행인   김재홍
디자인   권기용
마케팅   이연실
교정·교열   김진섭

발행처   도서출판 지식공감
등록번호   제396-2012-000018호
주소   경기도 고양시 일산동구 견달산로225번길 112
전화   02-3141-2700
팩스   02-322-3089
홈페이지   www.bookdaum.com

가격   13,000원
ISBN   979-11-5622-307-8   13300

CIP제어번호   CIP2017020708
이 도서의 국립중앙도서관 출판도서목록(CIP)은 서지정보유통지원시스템 홈페이지
(http://seoji.nl.go.kr)와 국가자료공동목록시스템(http://www.nl.go.kr/kolisnet)에서
이용하실 수 있습니다.